JN025324

ゼミナール
民事訴訟法

渡部美由紀

鶴田　滋

岡庭幹司

日本評論社

はしがき

　本書は、2016年に日本評論社から出版された『民事訴訟法（日評ベーシック・シリーズ）』〔以下、同書を「ＮＢＳ民訴法」という。〕から一歩進んだ演習書であり、具体的な設問を通して民事訴訟法の理解を深めることを目的としている。ＮＢＳ民訴法は、これから民事訴訟法を勉強しようとする読者が、同書を通読することにより、民事訴訟の手続構造や基本原則といった民事訴訟法の全体像を理解することを目的として書かれている。そのため、細部についてはあえて省略されているところがあり、解釈上争いのある点については、基本的に通説・判例に従った説明がされている。しかし、訴訟法理論を極めるにはこれだけでは足りない。民事訴訟法の基本的な考え方を頭に入れたうえで、さらに踏み込んだ考察をする練習が必要である。そのようなときの一助として、本書は、ＮＢＳ民訴法等で一通り民事訴訟法について学習した者が、もっと民事訴訟法の理解を深めたいと思ったときに、手に取ってもらうための内容で構成されている。

　教科書を読んでよく理解したつもりになっても、いざ目の前の具体的な問題に取り組んでみるとまったく答えられないという経験は誰にでもあるだろう。一般的・抽象的に理論を説明することができても、個別具体的な事案において、それを用いて論理的に（一応の）答えが引き出せなければ、自分のものになったとはいえない。また、個別具体的な問題の適切・妥当な処理という視点に立ってみると、従来の制度や理論の限界が見えてくることも多い。そこで明らかになった問題をあらためて検討することによって、理論をブラッシュアップし、よりよい解決策を引き出す努力が常に求められる。

　本書では、民事訴訟法の重要問題として厳選した16の項目を取り上げ、各項目について具体的な〔問題〕を設定した。〔問題〕に続く解説では、解答に至るための考え方の視座を提供している。執筆者は、ＮＢＳ民訴法を共に執筆

した仲間であり、研究会を何度も開き、各自の担当する〔問題〕や解説の内容について率直な意見を交換した。自分たちが作成した問題ではあるものの、どれも容易に解答できない手強いものばかりであり、意見交換の中で新たに気づいた視点や問題もあるし、結論について見解が分かれるところもあった。解説は、このような意見交換を踏まえて、各執筆者が自由に論述したものであり、当然ながら唯一の正しい解答を示したものではない。大学の教員になって約20年経つ今でも素朴な疑問はなくならず、相変わらずそれに対する解答はなかなか出てこないことに悶々としている。それでも一筋の光が見えた（ように思う）ときの喜びは何にも代えがたい。読者の皆さんには、本書を自分なりに活用して、これまでに学んだ民事訴訟法の全体像や基本原則を手掛かりに、執筆者の考えの筋道をトレースしながら、訴訟法理論の難しさと楽しさを味わってほしい。

　本書の出版にあたっては、ＮＢＳ民訴法に引き続き、日本評論社の岡博之氏に、企画の段階から格別のお世話をいただいた。本来、ＮＢＳ民訴法の公刊から程近くに上梓すべき計画であった本書であるが、執筆が遅れ、世界はコロナ禍に突入してしまった。そうした中で岡氏の変わらぬ励ましがなければ、本書が陽の目を見ることはなかったであろう。この場を借りて、執筆者一同、心からお礼を申し上げたい。

2020 年 10 月

渡部　美由紀

鶴田　滋

岡庭　幹司

目　次

略語一覧

Ⅰ　主要法令名

＊民事訴訟法の条文は、原則として条数のみで示し、他の法令と特に区別する必要がある場合には「民訴」とした。

憲	日本国憲法
会社	会社法
裁	裁判所法
借地借家	借地借家法
人訴	人事訴訟法
費用法	民事訴訟費用等に関する法律
民	民法
民執	民事執行法
規	民事訴訟規則

Ⅱ　判例集

民録	大審院民事判決録
民集	大審院民事判例集／最高裁判所民事判例集
高民集	高等裁判所民事判例集
裁判集民事	最高裁判所裁判集民事
判時	判例時報
判タ	判例タイムズ

Ⅲ　文献

＊雑誌は、原則として法律時報誌の文献略語表に従って略記した。

兼子・判例	兼子一『判例民事訴訟法』（弘文堂、1950年）
三ヶ月	三ヶ月章『民事訴訟法〈法律学全集〉』（有斐閣、1959年）
兼子・新修	兼子一『新修民事訴訟法体系〔増訂版〕』（酒井書店、1965年）
小山ほか	小山昇ほか編『演習民事訴訟法』（青林書院、1987年）
鈴木＝上田編	鈴木重勝＝上田徹一郎編『基本問題セミナー・民事訴訟法』（一粒社、1998年）
山本・基本問題	山本和彦『民事訴訟法の基本問題』（判例タイムズ社、2002年）
河野	河野正憲『民事訴訟法』（有斐閣、2009年）
梅本	梅本吉彦『民事訴訟法〔第4版〕』（信山社、2009年）
川嶋	川嶋四郎『民事訴訟法』（日本評論社、2013年）

高橋・重点講義(上)	高橋宏志『重点講義民事訴訟法(上)〔第 2 版補訂版〕』(有斐閣、2013 年)
高橋・重点講義(下)	高橋宏志『重点講義民事訴訟法(下)〔第 2 版補訂版〕』(有斐閣、2014 年)
松本＝上野	松本博之＝上野泰男『民事訴訟法〔第 8 版〕』(弘文堂、2015 年)
勅使川原	勅使川原和彦『読解民事訴訟法』(有斐閣、2015 年)
高橋・概論	高橋宏志『民事訴訟法概論』(有斐閣、2016 年)
ＮＢＳ	渡部美由紀＝鶴田滋＝岡庭幹司『民事訴訟法〈日評ベーシック・シリーズ（ＮＢＳ）〉』(日本評論社、2016 年)
伊藤	伊藤眞『民事訴訟法〔第 6 版〕』(有斐閣、2018 年)
三木ほか	三木浩一＝笠井正俊＝垣内秀介＝菱田雄郷『民事訴訟法〔第 3 版〕』(有斐閣、2018 年)
山本ほか・アルマ	山本弘＝長谷部由起子＝松下淳一『民事訴訟法〈有斐閣アルマ〉〔第 3 版〕』(有斐閣、2018 年)
中野ほか編	中野貞一郎ほか編『新民事訴訟法講義〔第 3 版〕』(有斐閣、2018 年)
新堂	新堂幸司『新民事訴訟法〔第 6 版〕』(弘文堂、2019 年)
長谷部	長谷部由起子『民事訴訟法〔第 3 版〕』(岩波書店、2020 年)
秋山ほか・Ⅱ	秋山幹男ほか『コンメンタール民事訴訟法Ⅱ〔第 2 版〕』(日本評論社、2006 年)
秋山ほか・Ⅲ	秋山幹男ほか『コンメンタール民事訴訟法Ⅲ〔第 2 版〕』(日本評論社、2018 年)
秋山ほか・Ⅳ	秋山幹男ほか『コンメンタール民事訴訟法Ⅳ〔第 2 版〕』(日本評論社、2019 年)
兼子ほか・条解	兼子一ほか『条解民事訴訟法〔第 2 版〕』(弘文堂、2011 年)
笠井＝越山編	笠井正俊＝越山和広編『新コンメンタール民事訴訟法〔第 2 版〕』(日本評論社、2013 年)
注釈民訴 4 巻	高田裕成ほか編『注釈民事訴訟法第 4 巻』(有斐閣、2017 年)
一問一答	法務省民事局参事官室編『一問一答新民事訴訟法』(商事法務研究会、1996 年)
争点	伊藤眞＝山本和彦編『民事訴訟法の争点　ジュリスト増刊　新・法律学の争点シリーズ 4』(有斐閣、2009 年)
百選	高橋宏志＝高田裕成＝畑瑞穂編『民事訴訟法判例百選〔第 5 版〕別冊ジュリスト 226』(有斐閣、2015 年)
最判解	『最高裁判所判例解説民事篇』(法曹会)

第1章

確認の利益

渡部美由紀

〔問題〕

　Y銀行は、特例有限会社Zに対して、2017年5月30日、最終の弁済期を2022年4月30日と定めて、2億円を貸し付けた（以下「本件貸付け」という。）。本件貸付けについて、Zと共同で介護施設を運営していた医療法人Xの理事長Aは、貸付日と同日に、Xのためにすることを示して、Yとの間で、ZがYに対して負担する債務（以下「本件債務」という。）を保証する契約（以下「本件保証契約」という。なお、Zの登記簿上の代表者はBであるが、実質的な経営者はAであった）を書面により締結した。2020年4月1日にXの理事長はAの子であるCに代わったが、その翌年、Xは、本件保証契約はAがXの代表権を濫用して締結したものであり無効であると主張して、Yに対して、訴えを提起することにした。

　(1)　Xは、Yに対して、本件保証契約が無効であることの確認を求める訴えを提起した。この訴えは適法か。

　(2)　Xは、Yに対して、本件保証契約に基づく保証債務が不存在であることの確認を求める訴え（以下「本件訴え」という。）を提起した。その訴訟係属中にYが次の(i)～(iii)の行為をした場合、本件訴えの確認の利益はそれぞれどうな

るか。

　（ⅰ）　YがXの請求を認諾した場合。

　（ⅱ）　YがXに対して本件保証債務の履行を求める反訴を提起した場合。

　（ⅲ）　Yが本件債務はZにより一括して繰上げ弁済されたことを示した場合。

　(3)　(2)(ⅲ)において、Xが本件訴えに確認の利益があることを主張し、Yがこれを認めた場合、裁判所はこの自白に拘束されるか。

1　問題の所在

　本問は、福岡高判平成27・3・12金判1474号16頁の事案を素材にして、確認の利益の有無について検討を求めるものである。〔問題〕(1)では、原告の設定した審判対象が確認の訴えの対象として適切かどうか、〔問題〕(2)および(3)では、訴訟係属後の被告の対応と確認の利益との関係について考えてみよう。

2　確認の利益

　民事訴訟は、限られた資源を用いて行われる公的な紛争解決制度であり、訴訟の相手方となる被告には応訴が強制される。そのため、無益な訴訟は避けるべきであり、裁判所は、当事者間の紛争解決にとって本案判決をすることが真に必要かつ実効的である訴えに限って実質判断をすべきである。そこで、訴えの利益概念が登場する。訴えの利益は、原告の提起した訴えに、本案判決をするだけの必要性や正当性があるか否かを画する概念である。これは、すべての類型の訴えについて問題になるが、中でも、確認の訴えは、その対象が給付の訴えのように給付請求権に限定されるわけではなく、原告の求める内容に従い無限定に広がる可能性があるため、特に訴えの利益によって訴えを選別する必要性が高い[1]。訴えの利益は訴訟要件の1つであり、これを欠く場合には、訴えは不適法として却下される。

　確認の訴えの利益を特に確認の利益という。確認の利益は、一般に、原告の

---

(1)　ＮＢＳ87頁。

法的地位に不安が現に存在し、かつ、その不安を除去する方法として、原告・被告間で訴訟物とされた権利関係の存否について本案判決をすることが有効適切である場合に認められる。具体的には、(1)ある紛争を訴訟の場に持ち込むにあたり、確認の訴えの対象として選択された訴訟物が、原告・被告間の紛争解決にとって有効適切であるか（確認対象の適切性〔対象選択の適否〕）、(2)原告の権利または法的地位についての危険・不安を除去するために、判決によって権利関係を即時に確定する法律上の利益ないし必要性があるか（即時確定の利益〔即時確定の現実的必要〕）、(3)確認の訴えのほかに、給付の訴え、形成の訴えなどの適切な手段が存在しないか（確認訴訟の補充性〔方法選択の適否〕）という3つの観点から判断される[2]。

3　確認対象の適切性

確認の利益が認められるためには、原告の選んだ確認対象が、原告の法的地位に対する危険・不安を除去するために有効かつ適切なものでなければならない。その結果、原告の法的地位とは無関係な事柄の確認や、関係はあってもほかにより適切な確認対象がある場合には、確認の利益は否定される。確認対象が適切かどうかの判断基準としては、伝統的に、①「事実ではなく法律関係の」、②「過去ではなく現在の」、③「消極的ではなく積極的な」確認であることがあげられてきた。その理由は、①単なる事実を確認するよりも、そこから派生する法律効果自体を直接確認した方が原告の地位の保護にとってより効率的であること、②過去のある時点の法律関係を確認しても現在（＝事実審口頭弁論終結時）に至るまでの間に法律関係が変わっている可能性があるから、過去よりも現在の法律関係を確認した方が紛争の解決に直接的かつ適切であること、また、③権利関係が帰属しないことの消極的確認を求めて訴えを提起して判決を得ても、それによって権利関係の帰属が決まるわけではないため、権利関係の帰属が決まる積極的確認の方が紛争解決には有効であるといえることに

---

(2)　ＮＢＳ87頁以下。そのほか被告とされている者が名宛人として適切かどうか（被告選択の適切性）も考慮されるが、これは実質的には当事者適格の問題となる（三木ほか364頁）。

ある。しかし、その一方で、法律自体も、遺言書や契約書などの法律関係を証する書面の真否の確認や（134条）、協議上の離婚の無効の訴え（人訴2条1号）など、事実や過去の法律関係の確認の訴えを認めるものがあり、現在では、①〜③の基準は確認対象の適切性を判断するうえでの一応の目安にすぎないとする考え方が一般である。すなわち、事実の確認、過去の法律関係の確認または消極的確認であっても、それが現在の紛争の抜本的解決につながる場合には、確認対象として適切であるとされる（最大判昭和45・7・15民集24巻7号861頁、最判昭和47・2・15民集26巻1号30頁等参照）。

　〔問題〕(1)では、Xは本件保証契約が無効であることの確認を求める訴えを提起しており、確認対象の適否が問題となる。原告の法的地位に関連する法律行為の有効・無効を確認対象とするよりも、保護を求める法的地位そのものを確認対象とする方が、原告の地位の保護にとってより適切であると考えられるから、本件では、保証契約の無効よりも、端的に保証債務の不存在確認を求めた方がよい。したがって、この場合、選択した確認対象が適切であるとはいえず、確認の利益は否定されることになろう。

4　即時確定の利益——確認の利益が消滅するのはどのような場合か

　原告に保護に値する法的地位があるとしても、それに対する危険・不安が存在しない場合には、確認判決をする必要はない。言い換えると、確認の利益が認められるには、原告の地位に確認判決によって即時に除去されるべき危険・不安が現に生じていなければならない。この危険・不安を除去するために、被告との間で、確認判決の既判力によって法律関係の存否を確定することが、原告の権利保護にとって有効適切である場合に確認の利益は認められる。

　訴訟要件の審理は本案の審理と並行して行われ、その基準時は、本案の判断と同様に、事実審の最終口頭弁論終結時である。そのため、訴え提起時には存在していた確認の利益を基礎付ける事実が訴訟係属中に消滅することがある。そのような場合としては、①危険・不安の生じた原告の法的地位自体が消滅した場合[3]と、②原告の法的地位に対する危険・不安が消滅した場合[4]があげられる[5]。〔問題〕(2)のような被告の対応や態度の変化は、②の判断に関係する。

(1)　被告が請求の認諾をした場合

　原告の地位に危険・不安が認められる典型的な場合は、被告が原告の法的地位を否認したり、原告の地位と抵触する地位を主張したりしている場合である[6]。そのため、被告が原告の請求を認諾した（266条1項）ことによって、それまで存在していた確認の利益が失われるかどうかが問題となる。これについては、被告が請求を認諾しただけでは、確認の利益はなくならないとする見解が古くからの通説である。これによると、確認の利益の有無は、訴訟外・訴訟上の一切の事情および経過を斟酌して、当事者間の法律関係に、判決によって除去する必要のある不明確さが存在するか否かにより判断されるところ[7]、被告の態度から、既に原告の法的地位の不安定が終局的に除去され、将来に禍根を残すことがないと認められる場合には、確認の利益なしとして却下判決がされるが、通常、訴え提起当時に争いがある以上、別段の事情のない限り、訴訟進行中に請求を認める被告の態度だけでは、原告の法的地位の危険・不安は完全に除去されたとはいえないため、確認の利益はなくならない[8]。そうすると、〔問題〕(2)(i)においても、単に被告が請求を認諾しただけでは原則として確認

---

(3)　例として、建設業者甲の乙協会に対する除名決議の無効確認を求める訴えの係属中に、甲について破産手続が開始され、乙協会の会員資格を回復することができなくなった場合（最判昭和51・12・21金判517号9頁。乙協会の会員資格は建設業者であることを前提とするが破産者は建設業法上の建設業者となりえない）や、子の血縁上の父の戸籍上の父と子の間の親子関係不存在確認を求める訴えにおいて、その子を第三者の特別養子とする審判が確定した場合（最判平成7・7・14民集49巻7号2674頁。ただし右審判に準再審の事由があると認められるときは訴えの利益は失われないとする）がある。

(4)　例として、協同組合の理事選挙無効の確認を求める訴えにおいて当該理事が辞任した場合（最判昭和32・11・1民集11巻12号1819頁）や、取締役等を選任する株主総会決議が存在しないことの確認を求める訴訟の係属中に後の株主総会が適法に行われ、新たに取締役等が選任された場合（最判平成11・3・25民集53巻3号580頁）がある。

(5)　新堂幸司＝福永有利編『注釈民事訴訟法(5)』（有斐閣、1998年）69頁以下〔福永有利〕。

(6)　被告が原告の地位を争っていない場合であっても、例えば、取得時効の中断のために所有権確認の訴えを提起する必要がある場合や、戸籍の訂正のために身分関係の確認判決が必要な場合には、確認の利益が認められる。

(7)　河本喜与之・民商20巻3号（1944年）25頁参照。

(8)　秋山ほか・Ⅲ87頁。例えば、原告が被告に所有権確認訴訟を提起したところ、被告が口頭弁論で原告の所有権を認めた場合でも、被告が将来再び争うことがないと認められない限り、原告には確認の利益がある。

の利益はなくならず、さらに、原告の法的地位の危険・不安が完全に除去されたといえるだけの別段の事情があるかどうかを検討することになろう。

ところで、請求の認諾は、被告が原告の請求について、その理由があることを認めて訴訟を終了させようとする訴訟行為であり、本案判決ではない。そのため、そもそも、請求の認諾にあたって訴訟要件の具備を必要とするかどうかが問われる。判例[9]・従来の多数説は、これを必要とするが、近時では、請求の認諾は当事者の意思に基づく行為であることなどを強調して、原則として訴訟要件の具備は不要であるという見解や、訴訟要件の種類によって区別する見解が有力に主張されている[10]。後者の見解によれば、確認の利益は、公益性が強くなく専ら被告の保護のための要件であるといえるから、仮に確認の利益がないとしても、請求の認諾は認められる。そうすると、これらの見解によれば、被告が請求を認諾した場合には、確認の利益の有無を検討する必要性はなくなる。

(2) 債務不存在確認の訴え係属後に給付の訴えが提起された場合

給付判決には執行力と既判力、形成判決には形成力と既判力が生じるが、確認判決には既判力しか生じない。そのため、確認の訴えは他の訴えの類型に対して補充的に用いられるべきである。給付の訴えや形成の訴えが可能であるにもかかわらず確認の訴えによることは、紛争解決の実効性という観点から適切ではない。

債務不存在確認の訴えは、消極的確認を求める訴えの1つとして広く認められており、一般に、被告が確認の対象とされた債権の存在を主張するだけで原告の法的地位に対する危険・不安が認められる[11]。債務不存在確認の訴えと同一債権についての給付の訴えは、いわば裏返しの関係にある。判決効の点からいえば、給付の訴えは債務不存在確認の訴えを包含する。敷衍すると、給付

---

(9) 最判昭和28・10・15民集7巻10号1083頁、最判昭和30・9・30民集9巻10号1491頁。

(10) 河野330頁、新堂362頁等。

(11) これに対して、坂田宏「金銭債務不存在確認訴訟に関する一考察」同『民事訴訟における処分権主義』(有斐閣、2001年) 84頁は、債務不存在確認訴訟が提訴強制的機能を有するという観点から、紛争の実態により、原告が原告の法的地位に対する不安・危険が生じていることを積極的に示す必要があるとする。

の訴えの請求認容判決は、訴訟物である請求権の存在を既判力で確定するほか執行力を有しており、請求棄却判決は当該請求権の不存在を既判力で確定するところ、債務不存在確認の訴えの請求認容判決は請求権の不存在を、請求棄却判決は存在を既判力で確定する。そのため、給付の訴えを提起した方が実効性が高いから、同一の債権について給付の訴えの提起後に提起された債務不存在確認の訴えは一般には確認の利益を欠く。では、債務不存在確認の訴え提起後に、同一債務の給付を求める訴えが提起された場合、債務不存在確認の訴えの確認の利益はなくなるのだろうか。

〔問題〕(2)(ii)は、債務不存在確認の訴えが提起された後に給付の訴えの反訴が提起された場合である。これについて、最判平成16・3・25民集58巻3号753頁は、債務不存在確認の訴えの被告から原告に対して債務の履行を請求する反訴が提起された場合には、債務不存在確認の本訴の確認の利益はなくなると判示する。給付請求の反訴によって、原告の法的地位に生じた危険・不安は除去されるし、執行力を有する給付判決の方が紛争の実効的解決につながるといえることから、債務不存在確認の訴えの確認の利益はなくなると考えられる。

もっとも、この場合、後行して提起された給付の訴えの方が、重複起訴の禁止（142条）により却下されるのではないかという疑問が生じる[12]。しかし、重複審理を回避し、矛盾した裁判を防止するという重複起訴の禁止の趣旨からすると、反訴の場合は、同一の手続で処理されるから、その趣旨に反するものではなく、適法であると考えられる。そのため、給付の訴えの反訴は認められ、むしろ先に提起されていた債務不存在確認の訴えの方が確認の利益を欠き、不適法になる。では、給付の訴えが別訴で提起された場合はどうか。別訴の提起により債務不存在確認の本訴の確認の利益がなくなるのだろうか、あるいは給付の訴えの別訴が重複起訴の禁止に触れるとして却下されるのだろうか。これについての最高裁判例はまだなく、重複起訴の禁止の規律と合わせて検討する必要がある（→〔関連問題〕(1)）。

---

(12)　重複起訴の禁止に当たる場合には、訴えの利益が否定されるため訴えが却下されるという見解と、訴えの利益とは別の独立した訴訟要件を欠き訴えが却下されるという見解がある（山本ほか・アルマ74頁）。

(3) 保証債務の付従性により審判対象である保証債務が消滅した場合

　主たる債務が弁済されると、保証債務の付従性により、保証債務は消滅する（民448条）。〔問題〕(2)(iii)では、それに伴い、原告の法的地位に対する危険・不安が消滅し、確認の利益がなくなるかどうかが問題となる。

　これについて、前掲福岡高判は、主債務が弁済により消滅した結果、保証債務も付従性によって消滅し、債権者Yが保証人Xに当該保証債務に基づく保証債務の履行請求を行う可能性はなくなったことが認められるとして、「本件訴えについては、確認の利益を基礎付ける事実が認められず、むしろ確認の利益がないことが明らかである」と判示し、訴えを不適法却下している。

　これに対して、学説では、被告である債権者の主張に基づいて実体的に主債務が弁済により消滅したと認定されただけでは、保証人の法律上の地位に危険・不安が残る可能性があり、その点で確認の利益を肯定できるという見解が有力である。被告が、訴訟において自ら主債務の弁済による消滅を主張していても、判決後に債務の消滅を否定して保証債務の履行請求をする可能性は必ずしも否定できない（被告は請求の認諾をしたわけではないことにも注意する必要がある）。被告が債権の存在を主張したことによって一旦生じた原告の地位に対する危険・不安は、被告がそれを主張しなくなったとしてもなお存在すると考えられる(13)。見方を変えると、確認の訴えは、法律関係について既判力をもって確定しておくことで、将来生じうる紛争を未然に防止する機能を有しているが、確認の利益がないとして訴えが却下された場合には、基準時において確認の利益がないという訴訟要件についての判断が既判力をもって確定されるのみであり、たとえ訴え却下判決の理由中の判断において保証債務が主債務の弁済により消滅したことが示されていても、保証債務の不存在について既判力は生じない(14)。そうすると、判決確定後に、被告が保証債務の履行を請求する訴えを提起することは既判力によっては封じられないから、原告が予定していた確認の訴えの紛争防止機能は果たされないことになる。当該訴訟において被

---

(13)　上田竹志・法セ732号（2016年）114頁、青木哲・リマークス53号（2016年）109頁、村上正子・新判例解説Watch 21号（2017年10月）172頁等。

(14)　なお、信義則によりこれに反する主張が遮断される可能性は残る。

告が争っていないとしても、その後態度を変える可能性が否定できない以上、原告の確認判決を得る利益はなお考慮されるべきであろう。

　また、訴訟要件は本案判決のための要件であるため、債務不存在確認の訴えにおいて、債務の不存在が明らかになり請求認容判決ができるような場合でも、確認の利益がなければ訴えは却下される[15]。債務の不存在が明らかになったことが債務の不存在を確認する利益の消滅を導くのは背理であるため、この点からも、本問のような場合には、確認の利益はなくならないと考えられる[16]。なお、給付の訴えにおいても、審理の結果原告の請求する債権の不存在が明らかになった場合には請求棄却判決がされるのであり、訴えの利益がなくなったとして訴え却下になるものではない。

(4)　確認の利益についての自白

　〔問題〕(3)では、Yが確認の利益の存在を認めているため、この点に自白が成立し、裁判所を拘束するかどうかが問題となる。そこで、訴訟要件の自白について検討する。

　訴訟要件は、一般に公益のために存在し、職権調査事項とされる。すなわち、裁判所は訴訟要件の具備につき疑いを持った場合には、当事者の態度にかかわらず職権でこれを調査すべきである[17]。しかし、その判断のために必要な資料を収集・提出する責任を誰が負うかについては争いがある。通説は、裁判権の存在、専属管轄、両当事者の実在、当事者能力などの公益性の強い訴訟要件については職権探知主義が妥当するが、任意管轄、訴えの利益、訴訟追行権（当事者適格）など公益性が強くない訴訟要件については弁論主義が妥当するという[18]。これに対しては、公益性が強くない訴訟要件であっても、訴訟要件

---

(15)　訴訟要件の種類によっては訴訟要件が具備していなくても請求棄却判決をすることを認める見解もあるが、この見解でも請求認容判決をするには訴訟要件の具備を必要とする。鈴木正裕「訴訟要件と本案要件との審理順序」民商57巻4号（1968年）3頁、24頁。

(16)　青木・前掲注(13)109頁。

(17)　ＮＢＳ92頁。

(18)　新堂＝福永編・前掲注(5)44頁〔福永〕は、本案の審理がかなり進んでから（特に判決後）に、訴訟要件を基礎付ける事実が存在しない旨の自白によって訴えを却下しなければならないとすることは、再訴禁止のような効果がないこともあって問題であるとする。

を基礎付ける事実については裁判上の自白や擬制自白の成立は認められないとする見解が有力に主張されている。裁判上の自白や擬制自白の拘束力が認められるとすると、裁判所が訴訟要件の否定を導きうる事実を証拠調べ等から知った場合でも、これを当事者に指摘して主張・立証を促すことができなくなり、訴訟要件を職権調査事項とした目的を達することができなくなるためである。もっとも、この見解は、訴訟要件の具備を否定する事実についての自白や擬制自白については、裁判所に対する拘束力を認めても、職権調査の趣旨に反しないとする[19]。

　訴えの利益（確認の利益）は、公益性のさほど強くない訴訟要件であるから、通説によれば、その判断資料については弁論主義が妥当し、裁判所は当事者の自白に拘束される。そうすると、本問では、確認の利益が認められ、本案判決がされることになろう。他方、有力説によれば、本問では、裁判所は当事者の自白に拘束されないが、裁判所が確認の利益を否定する方向の事実を証拠調べ等から知った場合には、これを当事者に指摘して主張・立証を促すことになろう。

〔関連問題〕

　(1)　〔問題〕(2)(ii)において、YがXに対して、本件保証債務の履行を求める別訴を提起した場合、訴訟はどのように扱われるか。

　(2)　〔問題〕(3)において、Xが自己の訴えに確認の利益がないことを認めた場合、裁判所はこれに拘束されるか。

※　(1)は確認の利益と重複起訴禁止との関係、(2)は確認の利益を否定する方向の自白の拘束力について問うものである。(1)について、大阪高決平成26・12・2判時2248号53頁は、債務不存在確認の訴え（別件訴訟）提起後に提起された給付の訴え（基本事件）を17条により別件訴訟が係属する裁判所に移送し、「付言するに、

---

(19)　松本博之『民事自白法』（弘文堂、1994年）136頁。判断資料の提出責任は当事者にあり、訴訟要件の具備について裁判所が疑問を抱くときは、釈明権を行使して当事者にその疑問を示し、かつ、事実の主張・立証を促せば足りるとする。

基本事件の訴訟物は別件訴訟の…請求…と同一である。そして、訴訟係属の先後関係は、訴状が被告に送達された日の先後をもって決すべきであるから、別件訴訟の訴訟係属の後に訴訟係属した基本事件は、142 条が禁止する重複訴訟として、訴えの却下を免れない。したがって、基本事件は、東京地方裁判所に移送された後に、別件訴訟と併合され、別件訴訟の反訴として扱われない限り、却下されるべきものである。」とする。参考文献として、高橋・重点講義㊤131 頁。また、⑵の参考文献として、松本・前掲注(19)115 頁以下。

第2章
将来給付の訴え

渡部美由紀

〔問題〕

　16戸の居室を備えた甲マンションは、Y名義で登記されており、Yは、2010年4月頃から現在に至るまで、各居室をそれぞれ第三者に賃貸し、その賃貸収益を得ていた。甲マンションは駅に近く便利な場所にあるため、新築時から現在に至るまで居室の空きはほぼない状態である。Xは、①甲マンションは、XおよびYの共有に属すると主張して、Yに対して、Xの共有持分についての確認と移転登記手続を求めるとともに、②上記賃貸による収益のうちYの持分を超える部分は不当利得に当たると主張して、共有持分の登記がされるまでの持分割合に相当する賃貸収益の支払いを求める訴訟（以下「本件訴訟」という。）を提起した。本件訴訟において、Yは、①甲マンションの共有を争うとともに、②賃貸収益については、収益が確定して初めて分配請求ができるのであるから、将来の分についてまで支払いを命じることはできないはずであると主張した。審理の結果、裁判所は、甲マンションはXおよびYの共有に属すると認定し、①の請求、および②の請求のうち過去の不当利得返還請求に係る分の請求を認めた。裁判所は、②の請求のうち将来の不当利得返還請求に係る分についてXの請求を認めることができるか。

1　問題の所在——将来給付の訴え

　本問は、口頭弁論終結の日の翌日以降に生ずる不当利得金の返還請求を求める訴えの許容性を問うものである。このように、事実審の口頭弁論終結時（＝現在）において履行を求めうる状態にない給付請求権を主張して提起された訴えを将来給付の訴えという。将来給付の訴えは、現在において将来生じる請求権についても債務名義をあらかじめ獲得できる点で原告にとって便宜である。しかし、現に履行すべき状態にある請求権をめぐる紛争に係る現在給付の訴えとは異なり、将来給付の訴えは、現に履行すべき状態にない請求権を審判対象とするものであるから、現在において解決すべき紛争があるかどうかは不明であるし、また、不確定な要素が多い将来のことについて防御しなければならない被告の防御権は実質的に後退する。そこで、将来給付の訴えが認められるのは、原告に「あらかじめその請求をする必要がある」（135条）という特別な事情がある場合に限られる。言い換えると、将来給付の訴えの利益は、現在において原告の債務名義を得る利益・必要性が高い場合に限り認められる[1]。これは、(i)原告の主張する給付請求権の内容が、現時点において十分に具体化・特定されており、それが現実化する蓋然性が十分に認められるか、(ii)現在においてその請求権について給付判決をする必要性があるかという点から検討される[2]。

　将来給付の訴えの可否は紛争当事者の起訴責任の分配に大きく影響する。もし、将来給付の訴えを認めないと、将来にわたって紛争の継続が確実に見込まれる場合でも、原告側は、請求権が現在化した時点でその都度訴えを提起しなければならなくなる。これに対し、将来給付の訴えを認めると、今度は、被告側が、将来給付判決を債務名義とする執行を阻止するために、請求権の不発生や消滅にかかる事実を主張して請求異議の訴えを提起しなければならないことになる。そのため、将来給付の訴えの必要性を判断するにあたっては、当事者

---

(1)　高橋・重点講義(上) 355 頁以下。

(2)　三木ほか 361 頁。

の衡平に考慮しなければならない。

2　将来の給付の訴えはどのような場合に認められているか

　一般に、現在において給付判決をしておくべき必要性が高いとされる類型として、①債務の性質自体から将来の給付について原告に債務名義を獲得させておく必要性が高い場合（履行が少しでも遅れると債務の本旨に従った給付にならない定期行為の履行請求〔民 542 条 1 項 4 号〕や履行遅滞による損害が重大となる扶養料請求や養育費請求等）、②継続的または反復的な給付義務について、現在既に債務者が義務の存在または態様を争っている等の事情から、履行期が到来し、あるいは条件が成就しても、債務者の任意の履行が期待できない場合があげられる[3]。また、③現在の給付請求権が争われている場合にそこから派生する将来の給付請求を求める場合（本来の請求に併合して、それが執行できない場合の損害賠償請求〔代償請求〕を求める等）にも将来給付の訴えの利益が認められる。これらの類型では請求権の基礎的部分が現在において既に存在しており、先述の(i)の要素を満たすことを前提にしている。これに対し、例えば、将来の不法行為に基づく損害賠償請求では、不法行為そのものが将来にはじめて成立し、それに伴って損害額が確定する等、現在において請求権自体にも不確実な要素が多い。そのため、このような場合に将来給付の訴えを認めるかどうか、また、認めるとした場合にどのような要件のもとで認めるかが特に問題となる。

3　大阪国際空港事件判決とその後の展開

(1)　大阪国際空港事件判決（昭和 56 年大法廷判決）

　将来の不法行為に基づく損害賠償請求訴訟の訴えの利益について重要な先例となったのは、最大判昭 56・12・16 民集 35 巻 10 号 1369 頁（大阪国際空港事件判決。以下「昭和 56 年大法廷判決」という。）である。これは、大阪国際空港の付近住民が、飛行機の騒音等に悩まされたため、①同空港における航空機の

---

(3)　ＮＢＳ 86 頁参照。

16

夜間飛行の差止め、②過去の損害賠償、③将来の損害賠償を請求した事案である。本稿の関係で問題となるのは③であるところ、これについて最高裁は次のように述べ、将来の給付の訴えにおける請求権としての適格[4]を欠くとした。

「民訴法226条〔現135条〕は、……主として、いわゆる期限付請求権や条件付請求権のように、既に権利発生の事実をなす事実上及び法律上の関係が存在し、ただ、これに基づく具体的な給付義務の成立が将来における一定の時期の到来や債権者において立証を必要としないか又は容易に立証しうる別の一定の事実の発生にかかっているにすぎず、将来具体的な給付義務が成立したときに改めて訴訟により右請求権成立のすべての要件の存在を立証することを必要としないと考えられるようなものについて、例外として将来の給付の訴えによる請求を可能ならしめたにすぎないものと解される。このような規定の趣旨に照らすと、継続的不法行為に基づき将来発生すべき損害賠償請求権についても、例えば不動産の不法占有者に対して明渡義務の履行完了までの賃料相当額の損害金の支払を訴求する場合のように、右請求権の基礎となるべき事実関係及び法律関係が既に存在し、その継続が予測されるとともに、右請求権の成否及びその内容につき債務者に有利な影響を生ずるような将来における事情の変動としては、債務者による占有の廃止、新たな占有権原の取得等のあらかじめ明確に予測しうる事由に限られ、しかもこれについては請求異議の訴えによりその発生を証明してのみ執行を阻止しうるという負担を債務者に課しても格別不当とはいえない点において前記の期限付債権等と同視しうるような場合には、これにつき将来の給付の訴えを許しても格別支障があるとはいえない。しかし、たとえ同一態様の行為が将来も継続されることが予測される場合であっても、それが現在と同様に不法行為を構成するか否か及び賠償すべき損害の範囲いかん等が流動性をもつ今後の複雑な事実関係の展開とそれらに対する法的評価に左右されるなど、損害賠償請求権の成立及びその額をあらかじめ一義的に明確

（4）　訴えの利益については、かつて、権利保護の資格（対象適格）と権利保護の利益（必要性）が別の概念として存在したが、現在では、この区別は重視されず、訴えの利益の用語に包含されていると考えられる。判例の言う「請求権としての適格」は権利保護の資格に対応するものと思われるが、現在においては「将来の給付の訴えの利益」と読み替えてもよいと思われる（高橋・重点講義(上)357頁、358頁注16）。昭和56年判決と将来の訴えの利益との関係については、三木ほか363頁以下参照。

に認定することができず、具体的に請求権が成立したとされる時点においてはじめてこれを認定することができるとともに、その場合における権利の成立要件の具備については当然に債権者においてこれを立証すべく、事情の変動を専ら債務者の立証すべき新たな権利成立阻却事由の発生として捉えてその負担を債務者に課するのは不当であると考えられるようなものについては、前記の不動産の継続的不法占有の場合とは到底同一に論ずることはできず、かかる将来の損害賠償請求権については、……本来例外的にのみ認められる将来の給付の訴えにおける請求権としての適格を有するものとすることはできないと解するのが相当である」。

　この判決には団藤重光裁判官の反対意見が付されている。これは、「最小限度の被害の発生が確実に継続するものとみとめられる期間を控え目にみてその終期を定めるならば、その期間内に特別の事態が生じたばあいに相手方に請求異議の訴によつて救済を求めさせることにしても――その特別の事態の発生によつて賠償額に影響を及ぼすことを立証しなければならないが――これに不当に不利益を課することにはならないというべきであ」るとして、合理的な終期を定めるものであれば将来給付の訴えを適法とするものであり、注目される。

(2)　その後の判例および学説

　昭和 56 年大法廷判決は、①請求権の基礎となるべき事実関係および法律関係が既に存在し、その継続が予測されること（①要件）、②請求権の成否・内容につき債務者に有利な影響を生ずるような事情の変動があらかじめ明確に予測しうること（②要件）、③請求異議の訴えによりその発生を証明してのみ執行を阻止しうるという負担を債務者に課しても格別不当とは言えないこと（③要件）を将来の給付の訴えを認めるための要件とする[5]。この立場はその後の判例においても踏襲されている[6]。たとえば、最判平成 19・5・29 判時 1978 号 7 頁（横田基地事件。以下「平成 19 年判決」という。）は、在日米軍の使用に

---

(5)　昭和 56 年大法廷判決があげる不動産の不法占拠者に対する明渡完了までの賃料相当損害金の支払請求がこれらの要件を満たす典型である。

(6)　本文に示したもののほか、最判平成 5・2・25 民集 47 巻 2 号 643 頁、最判平成 28・12・8 裁判集民事 254 号 35 頁等。

供されている飛行場の周辺住民が、当該飛行場に離発着する航空機の発する騒音等による損害を主張して航空機の飛行の差止めおよび損害賠償を求めた事案であるが、法廷意見は昭和56年大法廷判決に従い、将来の損害賠償請求のうち事実審の口頭弁論終結の日までの翌日以降の分については、その性質上将来給付の訴えの請求適格を欠くとして、訴え却下の自判をした。

　もっとも、その原審（東京高判平成17・11・30判時1938号61頁）は、事実審の口頭弁論終結後判決言渡日までの8か月ないし1年といった短期間については口頭弁論終結時点において周辺住民の受けている航空機騒音の程度に取り立てて変更が生じないことが推認され、したがって受忍限度や損害額の評価に変更をきたす事情も生じないから、この範囲で口頭弁論終結時の損害賠償請求権と同内容の損害賠償請求権を認めることができるとする旨判示していた。平成19年判決においても2名の裁判官の反対意見と3名の裁判官の補足意見が付されたことから[7]、判例法理およびその射程は必ずしも安定したものとはいえないという評価がされている[8]。

　学説では、将来の一定の期間に限定した給付の訴えであれば、これを許容し

---

(7)　反対意見として、田原睦夫裁判官は、昭和56年大法廷判決の要件は狭過ぎるので見直されるべきであり、本件では、事実審口頭弁論終結時の被害状況が更に相当長期間にわたって継続する蓋然性が極めて高いことなどから上告を棄却すべきであるとする。そして、将来請求を認容すべき範囲について、口頭弁論終結時における原告の被害が将来も継続することが高度の蓋然性をもって認められる期間、原告が新たに訴えを提起することに伴う負担の内容、将来請求を認容した場合に被告が請求異議事由として主張しうる事項とその立証に要する負担の程度、及びその負担をさせることに伴う原告と被告間の衡平性を考慮した上で判断すべきであり、その認容判決では、原告の請求の範囲で、将来請求を認容する期間及び金額を控え目にすべきであるとして、被害が高度の蓋然性をもって継続すると予測される期間の範囲内で原告にとって再訴提起の負担の軽減が実質的に図られる程度の期間の将来請求を認めるべきであるとする。また、那須弘平裁判官は、原判決は、昭和56年大法廷判決の示した枠組みを踏まえつつ、比較的短い期間で、予測可能性及び確実性が高い部分を切り取って類型化し将来の損害賠償請求の適格を認めたものであって、それには相当な理由があり、原判決を結論において相当なものとして是認すべきであるとする。他方、補足意見として、藤田宙靖裁判官は、昭和56年大法廷判決の法理を今日厳格に維持するのが適当であるか否かについては大きな問題が残されているが、本件がその法理の再検討をすべき事案であるとまではいえないとする。法廷意見・反対意見・補足意見の考え方について、笠井正俊・ジュリ1354号（2008年）142頁参照。

(8)　山本和彦・判評592号（2008年）165頁。もっとも、前掲注(6)の平成28年判決は全員一致で昭和56年大法廷判決を踏襲しており、判例変更の気運には陰りがみられる（名津井吉裕・リマークス56号〔2018年〕111頁）。

てよいとの見解も有力である。その理由としては、現に不法行為を行っている
被告が将来の侵害防止の可能性を根拠として賠償を拒否するのは不当であるこ
と、原告に再度の訴訟提起を求めることは不当であること、被告側が損害防止
策を講じれば損害賠償義務を免れることができるとすれば、被告側に事情変更
に基づく起訴責任を課しても当事者の衡平を失しないと考えられること、不動
産の不法占有との質的な区別が困難であること、当事者間で訴訟に投入可能な
資源に格差があることなどがあげられる[9]。

4　将来の不当利得返還請求

(1)　昭和63年判決と平成24年判決

〔問題〕は、甲マンションの賃料収益に対する将来の不当利得返還請求を対
象とするものである。継続的不法行為に基づく損害賠償請求についての昭和
56年大法廷判決の判断は、将来の不当利得返還請求の可否の判断にも影響し
ている。これに関しては、2つの最高裁判決がある。

　まず、最判昭和63・3・31判時1277号122頁（以下「昭和63年判決」とい
う。）は、係争土地の登記名義人Yに対し、当該土地はXとYの共有であると
主張するXが、自己の共有持分について移転登記手続を求めるとともに、Yが
当該土地を訴外Aに賃貸して得た賃料収益のうち、Yの持分を超える部分は不
当利得に当たるとしてその返還を求めた事案である。原審は、賃貸収益のうち
Xの共有持分の移転登記がされるまでの将来の給付請求を含む分まで、Yに1
か月2万9400円の割合による支払いを認めたのに対して、Yは、右金員はY
の経営する専用駐車場からの収益金であり、収益が確定して初めてその分配請
求ができるのであるから、将来の分についてまで支払いを命じることはできな
い等と主張して上告した。最高裁は、昭和56年大法廷判決の立場を前提にし
て[10]、Yの賃貸収益については、一応はその基礎が既に存在し、その継続が
予測されるとしても、「右賃貸借契約が解除等により終了した場合はもちろん、

---

(9)　従来の学説について、山本・前掲注(8)168頁参照。

(10)　名津井吉裕・リマークス47号（2013年）113頁は、昭和63年判決を昭和56年大法廷判決
　　の事例判決と位置付ける。

賃貸借契約自体は終了しなくても、賃借人たるＡが賃料の支払を怠っているような場合には、右請求はその基盤を欠くことになるところ、賃貸借契約の解約が、賃貸人たるＹの意思にかかわりなく、専ら賃借人の意思に基づいてされる場合もあり得るばかりでなく、賃料の支払は賃借人の都合に左右される面が強く、必ずしも約定どおりに支払われるとは限らず、賃貸人はこれを左右し得ないのであるから、右のような事情を考慮すると、右請求権の発生・消滅及びその内容につき債務者に有利な事情の変動が予め明確に予測しうる事由に限られるものということはできず、しかも将来賃料収入が得られなかった場合にその都度請求異議の訴えによって強制執行を阻止しなければならないという負担を債務者に課することは、いささか債務者に酷であり、相当でないというべきである」として、Ｙの上告理由を容れて、原判決を破棄し、当該請求部分の訴えを不適法として却下した。

　次に、最判平成24・12・21判時2175号20頁（以下「平成24年判決」という。）は、50台程度を収容する駐車場として共有地を第三者に賃貸し収益を得ていた共有者の１人に対して、他の共有者が持分割合に相当する部分の不当利得の返還を求めた事案において、昭和63年判決を引用して、将来請求部分に係る訴えを却下すべきであるとした。この判決は、当該事案が昭和63年判決と類似していること、特に駐車場の賃料が不当利得返還請求権の対象となっていることから、事案の内容を詳細に判示するものではなく、簡潔な表現で判断が示されているにとどまるが、千葉勝美裁判官の補足意見が注目される。これは、まず、昭和63年判決の理解として、(i)持分割合を超える賃料部分の不当利得返還を求める将来請求の場合を述べたものとする理解と、(ii)(i)の場合に加え、当該賃料が駐車場の賃料であるという賃料の内容・性質をも含んだ事例についての判断であるとする理解とがありうるとし、(i)の理解によると、将来得るべき賃料はそれが現実に受領されて初めて不当利得返還請求権が発生することから、その発生は第三者の意思等によるところ、そのような構造を有する将来請求すべてに射程距離が及ぶ判断であると捉えることにもなるが、昭和56年大法廷判決の法理によって将来請求の適否を判断するためには、当該不当利得返還請求権の内容・性質、すなわち、その発生の基礎となる事実関係・法律関係が将来も継続するものかどうかといった事情が最重要であり、それを個別

に見て判断すべきであるとすれば、昭和 63 年判決の射程距離については(ii)の理解を採ることになるとする。

(2)　判例の考え方

　将来の不当利得返還請求の場合、被告の利得に関して賃借人である第三者の事情（賃借人からの契約解除や賃料の不払いの可能性があり、それが賃貸人の意思に左右されないという不確定要素を含む）が大きく影響する点で、被告自身による継続的不法行為に基づく損害賠償請求の場合とは異なる。そのため、3(2)で述べた将来の一定期間に限定したものであれば将来の継続的不法行為に基づく損害賠償請求を認めてよいとする学説の理由付けは必ずしもあてはまらない。それにもかかわらず、昭和 63 年判決は、継続的不法行為に基づく損害賠償請求についての昭和 56 年大法廷判決が示した要件を、特段の理由を示すことなく将来の不当利得返還請求にも拡張し[11]、①要件は一応みたすといえるが、Xの不当利得返還請求は、Yが第三者に賃貸している収益からの支払いを求めるものであり、請求の基礎は第三者の事情に左右されるため、②・③要件をみたさず、請求権としての適格を欠くとする。制度として将来の給付の訴えが認められている趣旨からすると、昭和 63 年判決の射程は、平成 24 年判決の補足意見が示すように、持分割合を超える賃料部分の不当利得返還を求める将来請求の場合一般に及ぶと広く捉えるのではなく[12]、問題になっている賃料が駐車場の賃料であるという賃料の内容・性質をも含んだ事例判断であると解すべきであろう。将来の給付の訴えを認めるにあたっては、事案ごとに、基礎となる債権の内容・性質等の具体的事情を踏まえた判断を行うべきであり、その判断にあたっては、当該不当利得返還請求権の発生の基礎となる事実関係・法律関係の継続性が認められるか否かが重要なポイントになる。

---

(11)　小林秀之・法セ 409 号（1989 年）106 頁は、その理由について「本件は、YがXの共有持分相当の本件土地を不法使用しているようにも理解でき、前記大法廷判決が将来の給付の訴えが許される典型例とする不動産の不法占有者に対する明渡までの賃料相当額の損害金請求に類似する」と指摘する。

(12)　昭和 56 年大法廷判決の提示した要件を一般化してすべての将来の給付の訴えにあてはめると、ほとんどの請求において将来の給付の訴えが認められなくなる懸念がある。井上治典・昭和 63 年度主要民事判例解説（判タ 706 号〔1989 年〕277 頁）。

(3) 〔問題〕の検討

平成24年判決の補足意見は、4(1)で述べた点に続き、「居住用家屋の賃料や建物の敷地の地代などで、将来にわたり発生する蓋然性が高いものについては将来の給付請求を認めるべきであるし、他方、本件における駐車場の賃料については、50台程度の駐車スペースがあり、これが常時全部埋まる可能性は一般には高くなく、また、性質上、短期間で更新のないまま期間が終了したり、期間途中でも解約となり、あるいは、より低額の賃料で利用できる駐車場が近隣に現れた場合には賃借人は随時そちらに移る等の事態も当然に予想されるところであって、将来においても駐車場収入が現状のまま継続するという蓋然性は低いと思われ、その点で将来の給付請求を認める適格があるとはいえない」とする。駐車場とは異なり[13]、〔問題〕のような居住用家屋は、一般に、賃借人の生活や営業の本拠であって、これを移すことは容易ではないから、賃貸期間が満了しても更新されることが普通であり、賃料収益に係る将来の不当利得返還請求権発生の基礎となる賃貸借契約が継続する蓋然性が高いといえる。また、〔問題〕では、甲マンションは駅近の便利な場所にあってほぼ空室がない状態が続いており、将来的にも賃貸借契約の継続を期待することができるといえる。そうすると、甲マンションの賃貸収益に対する不当利得請求を問題とする〔問題〕においては、将来の給付の訴えを認めても当事者間の衡平を失することにはならないと評価して、Xの請求を認めることができそうである。

もっとも、その終期をどのように定めるかは問題である[14]。〔問題〕では、原告の申立てに従えば、「共有持分の登記がされるまで」という終期を定める

---

(13) 昭和63年判決の事案では、特定の第三者に対して一括賃貸された駐車場の賃貸収益に係る不当利得請求が問題になっているから、50台程度の駐車場の賃貸収益を問題とする平成24年判決事案より請求の基礎の継続性は高いといえる。しかし、駐車場であっても、事案によっては（長期にわたり同一の駐車場を継続的に賃借している、相当台数の業務用車両のために駐車場を賃借しているなど）、将来の請求権としての適格を認めることも可能になろう。三木浩一・法研86巻11号（2013年）148頁。

(14) 判決主文において終期を区切った場合には、この点の記載に既判力が生じるのか、また執行力との関係においてどのように理解されるかが問題となる。この問題は、いわゆる諫早湾干拓事業に係る開門請求訴訟に関する一連の判決の理解（とりわけ福岡高判平成22・12・6判時2102号55頁と福岡高判平成30・7・30裁判所ウェブサイト〔上告審判決：最判令和元・9・13裁判集民事262号89頁〕の関係）をめぐって先鋭化している。

ことになる。しかし、将来の給付の訴えが許される典型例とされる不動産の不法占有者に対する明渡しまでの賃料相当額の損害金請求の場合とは異なり、共有持分登記の有無は不当利得返還請求権とは直接的な関係にない（共有持分登記がされたからといって当然に不当利得の問題が解消されるわけではない）から、その合理性についてはなお検討を要する[15]。

〔関連問題〕

　(1)　A高速道路の周辺住民であるX_1らは、国に対し、自動車等の道路交通の騒音等により精神的・肉体的苦痛を被ったと主張して、損害賠償を求める訴訟を提起した。裁判所は、事実審口頭弁論終結の日の翌日以降に発生する分の損害賠償についても認めることができるか。たとえば、判決言渡し日までの損害賠償を認めることはできるか。

　(2)　〔問題〕において将来の給付の訴えが認められ、請求認容判決が出されたとする。その後共有持分の登記をする前に、甲マンションでは強盗事件が発生し、不安になった賃借人の半数が転居してしまった。そこで、Yが請求異議の訴えを提起したところ、Xは、判決において、共有持分の登記をするまでの不当利得返還請求権があることが判断されており、この点に既判力が生じているのであるから、Yの主張は将来の給付を命じた確定判決の既判力により許されないと主張している。将来給付判決の既判力は、どのように説明されるか（→注(14)参照）。

　(3)　Xは、Yの運転する普通乗用車にはねられ、四肢麻痺等の障害を負い、常時介護を必要とする状況になった。Xは、Yに対して、不法行為に基づく損害賠償請求に加え、将来の介護費用の支払いを求める訴えを提起した。Xの請求は認められるか。

---

(15)　終期を定める以外の方法として、三木・前掲注(13)151頁は、被告が賃借人から賃料収入を得ることを条件として、それに持分割合の係数を乗じた金額の支払いを命ずる。また、井上・前掲注(12)277頁参照。

第3章
相殺の抗弁と重複起訴

岡庭幹司

〔問題〕

次の事例を読んで、後の設問に答えなさい。

〔事例〕

甲株式会社（以下、単に「甲」という。）は、貿易業を営んでおり、横浜に本店を有している。乙株式会社（以下、単に「乙」という。）は、スポーツ用品製造業を営んでおり、東京に本店を有している。

甲は、乙に対して、2018年7月31日に合成皮革素材を代金200万円で売った（以下、この売買契約に基づく甲の乙に対する代金債権を「α債権」という。）のに、未だその代金が支払われていないと主張して、乙を被告として、東京地方裁判所に、売買契約に基づいてα債権200万円の支払いを求める訴え（以下「別件」という。）を2019年8月1日に提起した。

これに対して、乙は、当該合成皮革素材を代金200万円で買ったことは認めつつも、請求棄却判決を求めた。その理由として、乙は、①2018年8月31日に甲に対して代金200万円を全額弁済した、②仮にこの弁済の主張が認められないとしても、乙は、自己の製造したゴルフ用手袋1000組を、甲に対して、2018年10月31日、代金200万円で売った（以下、この売買契約に基づいて乙が

甲に対して有すると主張する代金債権を「β債権」という。）ので、β債権を自働債権、α債権を受働債権として、対当額で相殺すると述べた。甲は、乙からゴルフ用手袋を買った事実はないと述べた。

　審理の結果、裁判所は、乙の主張する上記①の弁済の事実は認められないが、上記②の乙が甲にゴルフ用手袋を 200 万円で売った事実は認められるとして、乙の相殺の主張を容れ、甲の請求を棄却する旨の判決を 2020 年 6 月 23 日に言い渡した。

　この判決に対しては、甲が、同月 30 日、東京高等裁判所に控訴し、乙も、弁済の主張が認められなかったことを不服として、同年 7 月 1 日、同裁判所に控訴した。乙は、さらに、甲を被告として、同年 10 月 1 日、横浜地方裁判所に、上記ゴルフ用手袋の売買契約に基づいて β債権 200 万円の支払いを求める訴え（以下「本件」という。）を提起した。これに対して、甲は、β債権については現在東京高等裁判所における別件の控訴審で審理中であると答弁した。

〔設問〕

　(1)　乙の立場に立って、本件の訴えが適法であるとの主張を基礎付ける理由を論じなさい。

　(2)　甲の立場に立って、本件の訴えが不適法であるとの主張を基礎付ける理由を論じなさい。

　(3)　本件の受訴裁判所は、本件の訴えに対してどのように対応するべきか、論じなさい。

1　問題の所在

　本問は、既に他の訴訟において相殺の抗弁に供されている債権を別訴において訴求することが許されるかどうかについて検討を求める問題である。

　142 条は「裁判所に係属する事件については、当事者は、更に訴えを提起することができない。」と定め、重複する訴えの提起を禁止する。しかし、本問の別件における β債権の行使は、相殺の抗弁という防御方法として主張されるにとどまっていて、訴訟上請求されているわけではなく、「係属する事件」に

当たらない。そのため、本件の訴えが直ちに同条に触れるものではない。

　とはいえ、同条の趣旨[1]に遡って考えると、乙の提起した本件の訴えが不適法とされる可能性がある。最判平成3・12・17民集45巻9号1435頁は、「〔旧〕民訴法231条〔現行142条〕が重複起訴を禁止する理由は、審理の重複による無駄を避けるためと複数の判決において互いに矛盾した既判力ある判断がされるのを防止するためであるが、相殺の抗弁が提出された自働債権の存在または不存在の判断が相殺をもって対抗した額について既判力を有するとされていること（同法199条〔現行114条〕2項）、相殺の抗弁の場合にも自働債権の存否について矛盾する判決が生じ法的安定性を害しないようにする必要があるけれども理論上も実際上もこれを防止することが困難であること、等の点を考えると、同法231条〔現行142条〕の趣旨は、同一債権について重複して訴えが係属した場合のみならず、既に係属中の別訴において訴訟物となっている債権を他の訴訟において自働債権として相殺の抗弁を提出する場合にも同様に妥当する」と判示する。乙の提起した本件の訴えも、別件訴訟との審理の重複による無駄が生じるとともに、矛盾する判決が出るおそれがある。

　もっとも、この判例があるからといって、直ちに本件の訴えが不適法であるということにはならない。上記平成3年最判は、いわゆる訴え先行型の事案について、「係属中の別訴において訴訟物となっている債権を自働債権として他の訴訟において相殺の抗弁を主張することは許されない」と判示したものであって、本問のようないわゆる抗弁先行型の事案[2]について判示したものではないからである。

2　本件の訴え提起の必要性

　まずは、本問において、なぜ乙がβ債権の支払いを求める本件の訴えを提起

---

(1)　最判昭和48・4・24民集27巻3号596頁は、「審判の重複による不経済、既判力抵触の可能性および被告の応訴の煩」の3つの趣旨をあげている。ＮＢＳ81頁参照。

(2)　抗弁先行型の事案については、最高裁判所の判例は見当たらない。高等裁判所レベルの裁判例として、東京高判平成8・4・8判タ937号262頁は、「既に相殺の抗弁の自働債権として主張した債権につき、別訴をもってこれを行使することは、〔旧〕民事訴訟法231条〔現行142条〕の趣旨に照らし許されない」とする。

したのか、その動機を考えてみよう。

(1) 債務名義[3]取得の必要性

別件における乙の第1次的主張は、α債権については全額弁済したというもの（以下「主張①」という。）である。仮に別件の控訴審において主張①が認められた場合には、予備的相殺の抗弁に供したβ債権の存否については全く判断がなされないことになる。その場合にもβ債権について債務名義を取得したい乙としては、β債権の支払いを求める訴えを提起する必要がある。

(2) 消滅時効完成阻止の必要性

さらに、β債権は、スポーツ用品製造業を営む乙が、その製造した物を売った代金に係る債権であるから、平成29年法律44号[4]による改正前の民法173条1号にいう「生産者、卸売商人又は小売商人が売却した産物又は商品の代価に係る債権」に該当し、2年の短期消滅時効にかかるものと解される[5]ところ、2018年10月31日付けの売買契約に基づく代金債権の支払いを求める訴えを2020年10月1日に提起したのは、時効の完成を阻止する意図もあったものと考えられる[6]。つまり、もし本件の受訴裁判所が本件の訴えを直ちに不適法として却下してしまうと、その後に別件控訴審が主張①を採用してα債権につき

---

(3) 債務名義とは、強制執行によって実現されるべき給付請求権の存在と内容を明らかにし、その請求権について強制執行することを法律が認めた一定の格式を有する文書であり、民事執行法22条にそのリストがある（ＮＢＳ5頁）。

(4) 民法の一部を改正する法律（平成29年法律44号）の公布は2017年6月2日、施行日は2020年4月1日である。時効に関する経過措置につき、同法附則10条4項は「施行日前に債権が生じた場合におけるその債権の消滅時効の期間については、なお従前の例による。」と定める。同法による民法改正後は短期消滅時効の制度は廃止されて時効期間が統一されたが、時効の完成猶予および更新のために裁判上の請求が必要となる場合が生じうることには変わりがない。

(5) 最判昭和59・2・23判時1138号77頁は、「原審の適法に確定した事実関係のもとにおいて、上告人が被上告人会社に売却した上告人製造の本件ゴルフ用手袋の売買代金債権については、右手袋の製造がいわゆる第一次産業ないし原始産業に属するものではなく、また、被上告人会社が商行為として右手袋を買受けていても、民法173条1号の適用があり、消滅時効が完成したとして上告人の請求を棄却した原審の判断は、正当として是認することができる。」と判示する。

(6) 消滅時効は権利を行使することができる時から進行するところ、売買代金債権は契約後直ちに権利行使が可能であるから、本問のβ債権は2020年10月31日経過時に消滅時効が完成することとなり、その前に何らかの措置が必要となろう。

請求棄却判決を下した場合に、β 債権の支払いを求めたい乙は再度訴えを提起しなければならないことになり、しかもその時には既に β 債権の消滅時効が完成してしまっている、という不利益が生じかねない[7]。

　この点に関して、相殺の抗弁の自働債権としての権利行使に、裁判上の催告としての時効完成猶予効を認めることができれば[8]、そのような不利益を回避できるかもしれないが、古い大審院判例で「相殺の意思表示は相殺適状に在る当事者双方の債務を其対当額に於て消滅せしめ弁済と同一の効果を生ぜしむるものたるに止まり相殺権者が相手方に対し自己の債権を行使し之を履行せしめんとする意思表示を包含せざるものなれば、相殺の意思表示を為すのみにては民法第 147 条第 1 号の請求に該当せざるは勿論、之に対して相手方が何等の異議を述べざりしとて他の事実の伴はざる限り同条第 3 号の承認にも該当せざるものとす。」（大判大正 10・2・2 民録 27 輯 168 頁）と判示したものがある[9]ので、乙としては念のため訴えを提起したのであろう。

　また、仮に相殺の抗弁の自働債権としての権利行使に裁判上の催告としての効力を肯定したとしても、別件控訴審で主張①が容れられた場合には、結局、6 箇月以内に β 債権の支払いを求める訴えを提起せざるをえない。このことは平成 29 年法律 44 号による改正後の民法でも同様であろう。弁済の抗弁が容れられた場合には、相殺の抗弁については判断されないから、自働債権の存在につき「確定判決又は確定判決と同一の効力を有するものによって権利が確定した」（平成 29 年法律 44 号による改正後の民法 147 条 2 項）ことにならない。時効の完成猶予の効果は生じると解することができたとしても、時効の更新の効果

---

(7)　平成 29 年法律 44 号による改正前の民法 149 条は「裁判上の請求は、訴えの却下又は取下げの場合には、時効の中断の効力を生じない。」と定める。平成 29 年法律 44 号によりこの規定は削除され、いわゆる裁判上の催告として 6 箇月間の時効完成猶予が認められることが明確にされた（改正後の民法 147 条 1 項柱書かっこ書）が、改正後も時効の更新の効果までは認められないことには変わりがない。

(8)　松本＝上野 364 頁。前掲注(2)・東京高判平成 8・4・8 判タ 937 号 262 頁は、「仮定抗弁にせよ相殺の主張をしている限り、その自働債権についてはいわゆる裁判上の催告がなされているものとみることができ、その訴訟の係属中は消滅時効期間は進行しないものと解すべきである」とする。

(9)　松本＝上野 364 頁は、この大審院判例は大正 15 年民事訴訟法改正前のものであることを指摘し、現在においては先例的価値がないことを示唆する。

まで生じると解することは困難である。そして、時効の更新のためには訴え提起が必要となる。

(3) 相殺の抗弁の撤回について

重複訴訟を解消するためには、別件における相殺の抗弁を撤回し、β 債権については本件の訴えのみによって審理を求めることも考えられなくはない。しかし、裁判所の心証を知りえない乙としては、主張①が認められない場合を慮って、相殺の抗弁を撤回したくないであろう。もし、甲から購入した素材で乙が製品を製造し、これを甲に売却するという継続的な相互取引関係があるとすれば、相殺の担保的機能への期待はより大きい。

以上のような事情のもとに提起された乙の本件の訴えを却下してしまってよいのであろうか。もし別件控訴審において弁済の主張が認められれば、結局乙は β 債権を訴求するために再度訴えを提起しなければならなくなり、そのためには再度の提訴手数料の納付が必要となる。

3 反訴提起で足りるか

以上に対して、甲の立場からは、債務名義取得および時効完成阻止の必要性があるとしても、そのためには別件の控訴審において反訴を提起すれば足りると反論することが考えられる。より正確には、相殺の自働債権として既判力ある判断が示された場合にはその部分については反訴請求としない趣旨の予備的反訴ということになろう（最判平成 18・4・14 民集 60 巻 4 号 1497 頁、東京高判昭和 42・3・1 高民集 20 巻 2 号 113 頁参照）。そのような代替手段があるにもかかわらず別訴として提起された本件の訴えは不適法として却下しても差し支えない、との反論である。

これに対して、乙の立場からは、別件が既に控訴審に移審しており、控訴審における反訴の提起には相手方の同意が必要とされているところ（300 条 1 項）、必ずしも甲の同意を得られるとは限らないから、反訴ではなくて別訴という方法を選択したのである、と再反論することが考えられる。しかし、本問の事例

についてみると、別件の第一審において乙の相殺の抗弁について審理されていて甲の審級の利益は害されないから、別件の控訴審において乙が β 債権の支払いを求める反訴を提起するために甲の同意を要しないと解すべきである（最判昭和 38・2・21 民集 17 巻 1 号 198 頁参照）、との再々反論が可能であろう[10]。

　もっとも、反訴を提起することができるのは事実審の口頭弁論終結前に限られる（146 条 1 項柱書）。控訴審においては 1 回の口頭弁論期日で直ちに結審することもありうるところ、もし別件控訴審が口頭弁論終結後の段階にまで至っていると、乙は反訴を提起することができない。仮にそのような事情がある場合であれば、乙による本件の訴え提起の必要性はより高まるであろう。

4　本件の訴えに対する受訴裁判所の対応

　それでは、本件の訴えに対して、受訴裁判所としてはどのように対応すべきであろうか。これには多様な考え方が成り立ちうるであろう。

　まず、β 債権の債務名義取得および消滅時効完成阻止のためには別件の控訴審において予備的反訴を提起すれば足りるから、本件の訴えを許す必要はなく、142 条の趣旨に反するとして不適法却下する、という対応が考えられる。しかし、もし別件が口頭弁論終結後であれば、この論法は成り立たない。また、口頭弁論終結前であって反訴提起が可能であるとしても、本件の訴えを却下した上で別件における反訴の提起を求めることは乙に再度の提訴手数料納付の負担を課すことになる。

　そこで、できるだけ本件の訴えを生かすために、本件の訴えに係る訴訟を別件の訴訟と併合する（152 条 1 項）、という対応が考えられる。しかし、弁論を併合するためには両事件が司法官署として同一の裁判所に係属していることが必要であり、本問のように異なる裁判所に係属している場合には直ちに弁論の併合をすることができない[11]。そのため、まずは移送することが必要となるが、既に別件が控訴審に移審している場合に移送が可能であるかどうかは必ずしも

---

(10)　Ｎ Ｂ Ｓ 201 頁参照。

(11)　Ｎ Ｂ Ｓ 116 頁。

明らかでない[12]。

　併合審理が困難であるとすると、本件の受訴裁判所としては、次回口頭弁論期日を追って指定するとして、事実上、手続を止めた上で、別件の判決が確定するのを待ち、もし別件において弁済の主張が認められた場合には、本件の訴えに係る訴訟の審理を再開する、という対応をすることが考えられる[13]。なお、もし別件確定判決において弁済の主張が認められず相殺の抗弁について判断されると、自働債権不存在の判断に既判力が生じる（114条2項）ので、本件の訴えに係る請求には理由がないこととなる。しかし、裁判の迅速化に関する法律により2年以内のできるだけ短い期間内に第一審の訴訟手続を終局させることが求められている一方で、訴訟手続を中止するための根拠法令があるわけではなく、このような手法が適切かどうかについては異論もあろう。立法論としては、明治民事訴訟法121条[14]を参考にして、後訴の手続を中止することができる旨の規定を設けるべきであるとの見解[15]もある。

〔関連問題〕

　Xは、貸金業者であるY株式会社（以下「Y」という。）に対して、貸主Yと借主Xとの間において平成8年6月から平成21年11月までの間に行われた継続的な金銭消費貸借取引（以下「本件取引」という。）について、XがYに弁済した金員のうち利息制限法所定の制限を超えて支払った部分を元本に充当するといわゆる過払金が発生していると主張して、不当利得の返還を求める訴え（以下「本件本訴」という。）を平成23年に提起した。

　これに対して、Yは、平成8年6月から平成12年7月までの取引（以下「第1取引」という。）と平成14年4月から平成21年11月までの取引（以下「第2

---

(12)　移送は管轄裁判所に対してなされる必要があるが、通常の場合、高等裁判所に第一審の事物管轄があるわけではなく、反訴として提起されるからこそ管轄が認められる（146条1項柱書）。

(13)　長谷部90頁は、「前訴が控訴審に係属していて併合審理が困難な場合には、前訴判決の確定まで後訴の手続を中止し、前訴判決の確定後にその既判力にしたがって審理を進めることができれば、合理的である」と指摘する。

(14)　「裁判所は訴訟の全部又は一分の裁判が他の係属する訴訟に於て定まる可き権利関係の成立又は不成立に係るときは他の訴訟の完結に至るまで弁論を中止す可し」と定める。民事訴訟法の沿革については、ＮＢＳ12頁参照。

(15)　新堂227頁。

取引」という。）とは別の取引であって、本件取引は一連のものではなく、第1取引に基づくXの不当利得返還請求権は時効により消滅したのでこれを援用すると主張して、本件本訴に係る請求を棄却するとの判決を求めるとともに、第2取引に基づく貸金の返還を求める反訴（以下「本件反訴」という。）を平成24年に提起した。

　Xは、もし本件取引が一連のものではなく、第1取引に基づく不当利得返還請求権が時効により消滅したと判断される場合には、本件反訴において、予備的に、第1取引に基づく不当利得返還請求権を自働債権とし、第2取引に基づくYのXに対する貸金債権を受働債権として、対当額で相殺すると主張した。

　以上の事例において、本件取引が一連のものではなく、第1取引と第2取引とは別の取引であるとした場合に、Xの上記相殺の抗弁が142条の趣旨に反して許されないものか否かについて論じなさい。

※　本訴請求債権が時効消滅したと判断されることを条件とする反訴における当該債権を自働債権とする相殺の抗弁の許否について判示した、最判平成27・12・14民集69巻8号2295頁の事案である。

第4章
判決主文と既判力

渡部美由紀

〔問題〕

(1)　Aに対して5000万円の貸金債権を有していたXは、Aが死亡したため、Aの唯一の相続人であるYに対して、その支払いを求める訴訟（前訴）を提起した。裁判所は、Xの請求額を認め、Yの限定承認（民922条）の主張に基づいて、「被告は、原告に対し、Aから相続した財産の限度において、5000万円を支払え」と命じる判決をした。前訴判決確定後、Xは、Yが家庭裁判所への限定承認の申述の際に相続財産の一部を隠匿し、悪意でこれを財産目録に記載しなかったと主張して（民921条3号参照）、Yに対して、相続財産の限度にかかわらず5000万円の支払いを求める訴訟（後訴）を提起した。後訴においてXの請求は認められるか。

(2)　Xは、Yから高級時計aを購入したが、Yがaを引き渡さないので、Yに対してaの引渡しを求める訴訟（前訴）を提起した。Yは、Xはまだ売買代金を支払っていないとして同時履行の抗弁（民533条）を提出した。裁判所は、aの売買代金は500万円であったと認定し、「被告は、原告に対し、500万円を受けるのと引換えに、aを引き渡せ」と命じる判決をした。前訴判決確定後、Yは、Xに対して、aの売買代金は800万円であったと主張して、800万円の

売買代金の支払いを求める訴訟（後訴）を提起した。後訴においてＹの請求は認められるか。また、Ｙは、前訴判決の引換給付を命じた部分を債務名義として、Ｘに対して強制執行をすることができるか。

　(3)　Ｙは、Ｘ所有の甲建物を賃借し10年近く喫茶店を営んでいたが、Ｘは、甲建物の賃貸借契約が終了したと主張して、Ｙに対して、甲建物の明渡しを求める訴訟を提起した（前訴）。前訴において、Ｘは、1000万円の立退料を提供する旨の予備的主張を行った。裁判所は、Ｘの主張を容れ、「被告は、原告に対し、1000万円の立退料と引換えに、甲建物を明け渡せ」と命じる判決をした。Ｘが、前訴確定判決を債務名義として強制執行に着手したところ、Ｙは、前訴基準時後に、甲建物の周辺は再開発予定地に指定され、周辺の不動産価格が急騰したため、甲建物の立退料もそれに応じて増額されるべきであると主張して、請求異議の訴え（後訴）を提起した。後訴においてＹの請求は認められるか。

1　判決主文中の判断と既判力

　既判力は、確定判決の「主文に包含するもの」に限り生じる（114条1項）。「主文」（253条1項1号）は、訴状における「請求の趣旨」（133条2項）に対応し、これは、訴訟上の請求（＝訴訟物）を内容とする。したがって、既判力は、訴訟物である権利義務関係の存否についての裁判所の判断に生ずることになる（既判力の客体的範囲＝訴訟物の範囲）。なお、114条1項の文言は「主文」ではなく、「主文に包含するもの」であり、含みを持たせた規定ぶりになっている[(1)]。実際に既判力の範囲を決定するためには、いわば結論部分である主文の記載のみを参照したのでは足りず、事実の欄や理由の欄を総合的に参照する必要があることが多い。たとえば、〔問題〕(1)において、仮に請求棄却判決がされるとすれば、主文は「原告の請求を棄却する」となるが、これだけでは裁判所が何について判断したかはわからない。この場合、判決事実や判決理由を参照して

---

(1)　岡庭幹司「判決理由中の判断の拘束力についての立法史素描」『高橋宏志先生古稀祝賀論文集・民事訴訟法の理論』（有斐閣、2018年）865頁は、この点から、主文の結論を導くために必要不可欠な理由中の判断について何らかの拘束力を認める見解（争点効等）も実定法上の解釈として十分に成り立ちうることを指摘する。

はじめて訴訟物が特定され、既判力により確定される範囲が明らかになる[2]。

　114 条 1 項が、既判力の生じる範囲をいわば判断の結論部分に限定し、訴訟物である権利義務関係の存否の前提となる先決的法律関係や攻撃防御方法の判断（これらは判決理由中の判断となる）に拘束力を持たせないことにしたのは、裁判所の審理を弾力化し、迅速な裁判を可能にするためである。前提問題についての判断にも既判力を認めてしまうと、当事者は、当面は重要でないと考える争点についても、後に既判力が生じることを念頭に置いて慎重に争わなければならなくなるし、裁判所も実体法の論理的順序に従って各争点につき審理判断しなければならなくなる。そうすると、結果として、審理は硬直化し、当事者は判決を得るのに時間がかかってしまう。また、当事者が意識していない争点にも既判力が生じるとすると、当事者の手続保障の点から問題がある[3]。さらに、もし、当事者が、先決的法律関係の存否を既判力により確定したいのであれば、中間確認の訴え（145 条）を提起すればよい。そこで、判決理由中の判断には、相殺の抗弁の場合を除いて（114 条 2 項）、既判力は生じないものとされている[4]。

　他方で、判決主文欄に示されるのは、必ずしも訴訟物の存否そのものについての判断に限られない。では、判決主文に記載されたものであれば、常に既判力が生じるのだろうか。本問では、主文中に示される判断と既判力との関係についてみていこう。

---

(2)　請求が認容される場合には、「原告の請求を認容する」という主文ではなく、訴えの類型に応じて、「被告は原告に対して〇〇円を支払え」、「別紙目録記載の建物について原告が所有権を有することを確認する」、「原告と被告を離婚する」といったように具体的な記載がされる。これは主として給付判決の場合の執行の便宜を考慮したものといわれる。伊藤 515 頁参照。

(3)　三木ほか 436 頁参照。

(4)　判決理由中の判断には既判力を認めないという法の建前にもかかわらず、一定の場合には判決理由中の判断にも拘束力を認めるべきであるとする見解が有力である。代表的なものとして争点効理論がある。争点効とは、「前訴で当事者が主要な争点として争い、かつ、裁判所がこれを審理して下したその争点についての判断に生じる通用力で、同一の争点を主要な先決問題とした異別の後訴請求の審理において、その判断に反する主張立証を許さず、これと矛盾する判断を禁止する効力」である（新堂 718 頁以下）。学説では、争点効を支持する見解も多いが、判例（最判昭和 44・6・24 判時 569 号 48 頁）は、これを否定し、他方で、信義則を用いて後訴の主張立証を制限する（最判昭和 51・9・30 民集 30 巻 8 号 799 頁等。一部請求に関して第 5 章参照）。

2 限定承認と既判力

限定承認（民922条）は、相続によって得た財産の限度において被相続人の債務を弁済する旨の留保をつけて相続を承認する制度であり、これにより相続人の責任は相続財産に限定される。〔問題〕(1)では、被告の限定承認の主張が容れられた結果、判決主文において「相続財産の限度において」という記載がされている。この記載に既判力は生じるだろうか。

まず、既判力の範囲は訴訟物の範囲と一致するのが原則であるから、前訴の訴訟物について考えてみよう。これに関して、責任財産の範囲が訴訟物の一部を構成するか否かについては議論がある。第1の見解は、債務と責任を区別し、訴訟物となるのは債務であり、責任財産の範囲は執行手続においてのみ問題になるとする。この見解によれば、「相続財産の限度において」という部分は、責任を限定したにすぎず、訴訟物についての判断ではないから、既判力は生じない[5]。これに対して、第2の見解は、責任財産の範囲も訴訟物として判決手続の審判対象になるとし、「相続財産の限度において」という部分にも既判力が生じるとする[6]。

判例（最判昭和49・4・26民集28巻3号503頁）は、債務の存在とととともに相続人の限定承認の事実が認められたときは、債務名義上相続人の限定責任を明らかにするため、判決主文において、相続人に対し相続財産の限度で債務の支払いを命ずべきであるとし、「前訴の訴訟物は、直接には、給付請求権即ち債権（相続債務）の存在及びその範囲であるが、限定承認の存在及び効力も、これに準ずるものとして審理判断されるのみならず、限定承認が認められたとき

---

(5) 高橋・重点講義(上)669頁。なお、この見解を徹底すると、責任は判決手続の対象外であるから、判決主文において責任財産の限定を示す必要もないことになるが、現在このような徹底した立場はない。もっとも、訴訟物を債務と捉えると、〔問題〕(1)の場合には、前訴の訴訟物と後訴の訴訟物は同一であるから、結局のところ、後訴請求は前訴確定判決の既判力により遮断されることになろう。松本＝上野668頁等。

(6) 菱田雄郷・百選180頁以下参照。なお、第1の見解では、通常の給付訴訟では、原告は被告の全財産を責任財産とすることの確定を黙示的に求めており、限定承認の場合には明示的に相続財産を責任財産とすることの確定を求めていると考える。

は前述のように主文においてそのことが明示されるのであるから、限定承認の存在及びその効力についての前訴の判断に関しては、既判力に準ずる効力があると考えるべきであるし、また民訴法545条2項〔民執35条2項〕によると、確定判決に対する請求異議の訴は、異議を主張することを要する口頭弁論の終結後に生じた原因に基づいてのみ提起することができるとされているが、その法意は、権利関係の安定、訴訟経済及び訴訟上の信義則等の観点から、判決の基礎となる口頭弁論において主張することのできた事由に基づいて判決の効力をその確定後に左右することは許されないとするにあると解すべきであり、右趣旨に照らすと、債権者が前訴において主張することのできた前述のごとき事実を主張して、前訴の確定判決が認めた限定承認の存在及び効力を争うことも同様に許されないものと考えられるからである」とする。

　判例は、債務者の責任に関する限定承認の存在および効力を訴訟物そのものとは捉えない。しかし、これらは訴訟物に準ずるものとして審理判断され、それが認められたときは主文に明示されることから、その判断には既判力に準ずる効力が生じるとする点で、第1の見解と第2の見解の中間に立つといえる。訴訟物となるのは本来的には債務であるから、責任に関する限定承認の存在および効力は、厳密には訴訟物には含まれず、判決主文において責任を限定した部分に既判力が生じるとはいえない。しかし、訴訟物が給付請求権である場合には、責任財産の存在はいわば黙示の前提となっており、他の争点とは違って、訴訟物である債務と非常に密接な関係にあり、重要な意味を持つ。そのため、限定承認の存在および効力が認められたときには判決主文に掲げられ、「既判力に準ずる効力」が認められる[7]。

　なお、判例は、「既判力に類似する効力（いわゆる争点効）」は否定している[8]。前掲昭和49年最判は、「既判力に準ずる効力」が生じることについて、債権者の給付請求に対し相続人から限定承認の主張が提出され、これが認められて責任を限定する留保付判決がされた場合と、債権者が自ら責任を限定する留保付請求をして留保付判決がされた場合とを区別していない。争点効が、当事者の

（7）　伊藤543頁注170は、「既判力に準ずる効力」を信義則による拘束力と位置付ける。

（8）　前掲注（4）最判昭和44・6・24。菱田・前掲注（6）181頁参照。

具体的な訴訟追行との関係で決まるのに対して、「既判力に準ずる効力」は当事者の具体的な訴訟追行ではなく、訴訟物である給付請求権と責任に関する限定承認との関係で決まる点で異なる。

3　引換給付判決と既判力

　〔問題〕(2)および(3)のような判決は、原告による反対給付の履行または被担保債務の弁済と引換えに被告に給付を命じる判決であり、引換給付判決とよばれる。判例・通説[9]は、引換給付判決は一部認容判決として許されるとする。では、引換給付判決の主文において引換給付を命じた部分には既判力が生じるだろうか。

(1)　〔問題〕(2)

　〔問題〕(2)において、前訴の訴訟物は、売買契約に基づく a の引渡請求権であり、前訴判決主文中の「500万円の支払いを受けるのと引換えに」という部分は、裁判所が被告が提出した同時履行の抗弁（民533条）を容れた部分であって、前訴の訴訟物そのものについての判断ではない。したがって、この部分に既判力は生じない。引換給付を認める部分は、後訴の訴訟物である売買代金請求権について判断した形になっているため、後訴請求と判断が抵触するようにもみえる。しかし、既判力は、訴訟物についての判断に生じるところ、前訴の訴訟物は、あくまで a の引渡請求権であるから、引換給付を認めた部分には既判力は生じないのである。もし、被告が売買代金請求権についての判断にも既判力を必要とするならば、被告の原告に対する売買代金請求権を訴訟物として反訴を提起すればよい。引換給付を認めた部分は、強制執行開始の要件（民執31条1項）であり、執行機関にわかるようにするために、判決主文に掲げられたものにすぎない。

　もっとも、引換給付を認めた部分に既判力が生じないとしても、ただちに何

(9)　大判明治44・12・11民録17輯772頁（同時履行の抗弁）、最判昭和33・3・13民集12巻3号524頁（留置権の抗弁）等。

の拘束力も生じないとはいえない。これについては、〔問題〕(1)の場合と同様に、判決主文に掲げられるのであるから、既判力に準ずる効力が生じるという考え方と、売買契約の内容が審理過程で重要な争点となり、これについて両当事者が攻撃防御を尽くした場合には、争点効が生じるという考え方がありえよう(10)。既判力に準ずる効力であれば、当事者が売買代金額を争っていない場合でもその金額に拘束力が生じることになるが、争点効であれば、金額が主要な争点とならず、実質的に争われていない場合には拘束力は生じないことになる(11)。しかし、前者については、〔問題〕(1)の場合と同様に同時履行の抗弁を訴訟物に準ずるものとして考えてよいかはなお検討が必要であり、常に既判力（に準ずる効力）が生じるとする根拠付けとして十分かどうか疑問が残る。また、後者については、当事者の具体的な訴訟追行が問題となるため拘束力が生じるかどうかは確定的ではなく、当事者への不意打ちの可能性が残る。そこで、反対給付につき争いがある場合には、中間確認訴訟の延長線上にあるものとして、原告または被告の「訴訟対象拡張の申立て」により訴訟対象拡張を認める見解が提唱されている(12)。

　引換給付を命じた部分には執行力も生じず、これを債務名義として、強制執行をすることはできない。もし、被告が債務名義を必要とする場合には、原告に対して売買代金請求の反訴を提起すればよい。

(2)　〔問題〕(3)

(ア)　立退料

　立退料の提供は、実務慣行から生じたものであり、その法的性質は必ずしも明確でない(13)が、一般に、実体法上は、建物賃貸借契約の終了に基づく明渡請求訴訟において、賃貸人からの解約申入れ等の有効要件である正当事由（借地借家28条）を補完するものであり、訴訟法上は、同請求を理由付ける正当事

---

(10)　高橋・重点講義(下)253頁注23。

(11)　高橋・重点講義(下)253頁。

(12)　坂田宏「同時履行関係と引換給付判決」同『民事訴訟における処分権主義』（有斐閣、2001年）142頁以下、特に151頁以下。

(13)　奈良次郎・リマークス16号（1998年）56頁。

由を構成する請求原因事実になるとされる[14]。賃貸借契約の解約を基礎付ける他の正当事由（当事者の職業・生活状況・資産状態、建物の構造、建物の利用状況、賃貸借契約当時の事情、期間中途における不信行為等の諸事情）とは異なり、立退料の提供は、請求の趣旨においても表示されることがある。また、請求の趣旨に記載されていない場合でも、口頭弁論における当事者の主張により、建物明渡請求訴訟の請求認容判決の主文において、一定額の立退料の支払いと引換えに建物の明渡しが命じられることがある[15]。

〔問題〕(3)において、前訴の訴訟物は、賃貸借契約終了に基づく建物明渡請求権である。立退料の提供は、賃貸借契約の解約申入れの正当事由を補完するものであり、〔問題〕(2)の場合とは異なり、賃借人は立退料請求権という独立した権利を有するものではないから、これを反訴により請求することは困難である。もっとも、一旦立退料との引換給付判決が出された場合には、実体法上、賃貸人には立退料支払義務が生ずるという考え方が多数であり[16]、これを前提にすると、被告が立退料について債務名義が欲しければ、「被告が原告に対して、裁判所が立退料との引換給付判決を出すのであれば、家屋の明渡しと引換えに立退料を支払え」という内容の予備的反訴を提起することが考えられる[17]。いずれにせよ、〔問題〕(2)と同様に、立退料の提供は、訴訟物そのものについての判断ではなく、建物明渡執行の執行開始の要件（民執31条1項）であって、既判力は生じないと解されている。また、既判力が生じないとしても、

---

(14) 堤龍弥「一般条項と処分権主義——立退料判決を素材として」『上野泰男先生古稀祝賀論文集・現代民事手続の法理』（弘文堂、2017年）268頁。

(15) 当事者が無条件の建物明渡判決を求め、立退料についての主張がない場合にも、引換給付判決を命じてよいかどうかについては争いがある。通説（兼子ほか・条解1356頁〔竹下守夫〕、伊藤223頁等）は、処分権主義に反して許されないとするが、弁論主義違反の問題として処理する見解（鈴木正裕＝青山善充編『注釈民事訴訟法(4)』〔有斐閣、1997年〕122頁〔長谷部由起子〕、笠井＝越山編901頁〔越山〕、高橋・重点講義(下)245頁等）、一部認容として許容する見解（新堂344頁、川嶋264頁以下等）も有力である。原告から明示の立退料の支払いの主張がある場合に、無条件の建物明渡請求に対して引換給付判決をすることは、一部認容判決として許容される（東京簡判昭和33・5・28下民集9巻5号909頁、最判昭和46・11・25民集25巻8号1343頁参照）。

(16) 引換給付判決がされたことにより、賃貸人に実体法上の立退料支払義務が生じるか否かについては争いがあるが、肯定説が多数である。肯定説はその理由付けにより、①単独行為説、②承諾擬制説、③信義則説、④不当利得説に分かれる。堤・前掲注(14)280頁以下参照。

(17) 被告が立退料の債務名義を求めるのであれば、予備的反訴を提起すればよいとするのは、高橋・重点講義(下)251頁。東京地判平成4・6・25判タ816号239頁。

立退料の提供を命じる部分については、争点効等の拘束力が生じる可能性がある点も同様である。

　(イ)　事情の変更があった場合の処理

　117 条 1 項は、定期金賠償を命じた確定判決について、後遺障害の程度など、口頭弁論終結後に損害額の算定の基礎となった事情に著しい変更が生じたことを理由として、当事者が確定判決の変更を求める訴えを提起することを認めている。損害賠償額算定の基礎となった事情に著しい変更が生じた場合でも、口頭弁論終結時を基準時として定期金賠償請求権の内容が既判力によって確定されているならば、賠償額の増減を求めることは既判力によってできないはずである。しかしながら、定期金賠償方式の趣旨が損害の顕在化する時期に合わせて適切な金額の賠償を与えることにあるとすると、著しい事情変更があった場合には、既判力による拘束を解除するのが相当であると考えられる[18]。「著しい」とは、前訴判決裁判所の合理的予測を超えるような程度である必要はなく、その定期金額を維持することが当事者間の公平から見て不相当と判断される程度のもので足りる[19]。

　では、引換給付判決がされた後に事情変更があった場合にはどのように考えるべきだろうか[20]。〔問題〕(3)では、Y は立退料が増額されるべきであるから、現在の立退料を提供しただけでは強制執行は許されないとして請求異議の訴えを提起している。これについては、事情の変更の原則の適用を否定する見解と、117 条 1 項を類推適用して事情変更の主張を認め条件等の変更または請求異議の訴えを可能と解する見解がある[21]。口頭弁論終結後の事情の変更によって引換給付を命じた部分の金額が不相当になる点において、117 条の適用場面と共通性はありそうである。しかし、117 条は口頭弁論終結前に生じた損害につ

---

(18)　伊藤 533 頁。

(19)　伊藤 534 頁以下。

(20)　前掲東京地判平成 4 年は、立退料の支払いとの引換えでの請求認容判決確定後、特段の事情の変化がないのに、同一の原告が同一被告を相手方として提起した、前訴で認められた額より少ない立退料の支払いと引換えでの前訴と同一建物の明渡しを求める訴えは、前訴と訴訟物が同一であり、訴えの利益を欠くとする。

(21)　堤・前掲注(14)278 頁、鈴木重勝「申立事項と判決事項」鈴木忠一＝三ヶ月章監修『新実務民事訴訟講座(3)』(日本評論社、1982 年) 362 頁参照。

いての定期金給付判決を対象としており、一時金賠償方式の給付判決確定後に
後遺症の程度が著しく予想に反した場合等を対象にしていない[22]。そうすると、
〔問題〕(3)のような場合を117条の射程として論じてよいかはよく検討する必
要があろう。また、立退料の提供は既判力対象ではなく、建物明渡請求の執行
開始の要件にすぎないとすれば、Xが1000万円の立退料を提供した場合には、
当該執行は当然に開始されるのであり、事情の変更により立退料が増額される
べきことを請求異議事由として主張するのは困難であるように思われる[23]。
なお、判決確定後に著しい事情の変更があり、判決の内容をそのまま実現する
ことが権利の濫用になるような場合には、判決の実現は否定されうる（2条参
照）[24]。

〔関連問題〕

　(1)　〔問題〕(1)の前訴においてYは限定承認の主張をせず、したがってその
事実は認められないまま無条件の支払いを命じる判決がされたとする。この確
定判決を債務名義として、XがYの固有財産に強制執行をしてきたところ、Y
は限定承認の主張をした。Yの主張は認められるか。

　(2)　〔問題〕(1)において、XのAに対する債権には不執行の合意が認められ
たため、裁判所は、「1.　被告は、Xに対し、5000万円を支払え。2.　前項につ
いては強制執行をすることができない。」と命じる判決をした。この判決確定
後、XはYに対して、当該債権について不執行の合意が存在しないことの確認
を求める訴訟を提起した。不執行の合意の判断についての裁判所の判断には、
何らかの拘束力が生じるか。

---

(22)　新堂699頁。

(23)　東京地判平成10・5・8判タ1008号154頁は、借地の事例であるが事情変更による正当事由
　　補完の金額の減額の主張を排斥している。むしろ、最判昭和61・7・17民集40巻5号941頁
　　（将来の賃料相当損害金の請求を認容する確定判決を得た場合においても、その事実審口頭弁論
　　終結後に公租公課の増大、土地の価格の昂騰により、または比隣の土地の地代に比較して、認容
　　額が不相当となったときは、所有者は不法占拠者に対し、新訴の提起により、認容額と適正賃料
　　額との差額に相当する損害金の支払いを求めることができるとする）のように、適正立退料額と
　　の差額の支払いを求めることが検討されよう。

(24)　自動車事故による損害賠償請求訴訟の判決の執行につき、最判昭和37・5・24民集16巻5
　　号1157頁参照。

　(3)　X は、Y に対して、甲建物の賃借権を有することの確認を求める訴訟を提起した。これに対して、裁判所は、X が「賃料月額 20 万円とする賃借権」を有することを確認する旨の判決をした。この判決確定後に、Y が X に対して 20 万円の賃料の支払いを求める訴えを提起したところ、X は、賃料額は月額 10 万円であると主張した。この X の主張は、前訴確定判決の既判力に抵触するか。

※いずれも前訴確定判決の既判力に関する問題である。(2)については、最判平成 5・11・11 民集 47 巻 9 号 5255 頁、(3)については、最判平成 24・1・31 裁判集民事 239 号 659 頁参照。

第5章
一部請求

渡部美由紀

〔問題〕

　Xは、Yに対して、1000万円のα債権のうち600万円を請求する訴訟（前訴）を提起し、確定判決を受けた後、その残部400万円を請求する訴訟（後訴）を提起した。

　(1)　前訴において、Xが、α債権の一部である600万円についてのみ判決を求める旨を明示していたこと（明示的一部請求）、あるいは明示していなかったこと（黙示的一部請求）は、後訴裁判所の判断にどのように影響するか。

　(2)　前訴が明示的一部請求であった場合、その確定判決が請求棄却であった場合と請求認容であった場合とで、後訴裁判所の判断への影響は異なるか。

　(3)　前訴が、交通事故（不法行為）を原因とする損害賠償請求訴訟であり、当該事故による物的損害の賠償として600万円を求めるものであったとする。これに敗訴したXが、同一の不法行為を原因とする逸失利益および慰謝料400万円を求める後訴を提起した場合、前訴確定判決の既判力は後訴に及ぶか。

1　問題の所在

　金銭債権の全部ではなく、その一部のみを請求する訴訟（一部請求訴訟）が提起されることがある。原告が一部のみを訴求する理由は様々である。例えば、①試みに債権の一部のみを請求し勝訴した場合に限って残部を請求することで訴訟費用の節約を図る（いわゆる試験訴訟）、②損害額の総額は不明であるがさしあたり判明している分について請求する、③訴訟資料の制約等から費目を限定して請求する、④被告の資力を考慮してそれに応じた請求をするといったことが考えられる[1]。

　実体法上、債権者が数量的に可分な債権の一部を分割請求することは許されているから、処分権主義が採用されている民事訴訟においても、債権の一部を請求して判決を求めること自体が適法であることについては異論がない。問題は、前訴で留保した残部を後訴で請求することの可否である（講学上は「一部請求」の可否と呼ばれるが、正確には「残部訴求」の可否が問題となる）。この問題に答えるのは容易ではない。

　前訴と後訴とで訴訟物が異なるのであれば、前訴確定判決の既判力は後訴に及ばない（114条1項参照）。したがって、一部請求の前訴と残部請求の後訴の訴訟物が異なるとすれば、前訴確定判決の既判力は後訴に及ばず、当然に残部請求は適法となる。原告の実体法上の地位や残部を留保して一部のみについて判決を求めた原告の意思を尊重すると、前訴と後訴の訴訟物は異なると解して残部請求を認めてもよいようにも思われる[2]。

　しかし、一部請求の場合、本来1個の訴訟物となるべき債権が原告の恣意で分割されているにすぎないから、前訴と後訴では同一の債権を審判対象とする。そのため、前訴と後訴とで訴訟物が異なるものとして常に残部請求を認めてよ

---

(1)　三木浩一「一部請求論の考察」同『民事訴訟における手続運営の理論』（有斐閣、2013年）94頁以下によれば、このほかに相殺考慮型、一律一部請求型がある。

(2)　無条件に残部請求を肯定する見解として、村松俊夫「金銭債権の一部請求」同『民訴雑考』（日本評論新社、1959年）78頁以下、伊東乾「一部請求」同『民事訴訟法研究』（酒井書店、1968年）521頁以下、梅本933頁等。

いかは、訴訟法上なお検討を要する。同一の債権を審判対象とする以上、残部
請求を無条件に認めると、裁判所の審理の重複、判決の実質的な矛盾抵触のお
それ、同じ債権をめぐる訴訟に付き合わされる被告の応訴の煩という問題が生
じうるから、訴訟手続を利用して本来 1 個の債権を請求する場合、原告は意識
的に残部を留保することはできないともいえそうである。この場合、一部を求
める前訴の訴訟物を審判対象となる債権全部と捉えて、その確定判決の既判力
により残部請求は遮断されると説明されうる[3]。とはいえ、前訴において原告
が求めていない残部請求を訴訟物とすることにはなお抵抗が残る。そして、議
論は振り出しに戻る。

　前訴確定判決の既判力の範囲は、通常、「訴訟物＝既判力」（114 条 1 項）と
いう枠組みによって決定される。そこで、残部請求の可否を考える出発点とし
て、前訴確定判決の既判力の範囲やその前提となる訴訟物を明らかにすること
が考えられる。しかし、一部請求の場合には、原告が訴訟物として債権の一部
を設定しても、実際の審判対象はその債権の一部のみに限られず、債権の全部
にわたることもある。そのため、この枠組みを形式的に用いて解決しようとし
ても、なかなかうまくいかない。では、何を基準として残部請求の可否を決定
すればよいのだろうか。これについては、判例の展開が注目される。

2　判例の展開

　一部請求についての判例の方向性を基礎付けたとされるのは、最判昭和
32・6・7 民集 11 巻 6 号 948 頁（①判決）、最判昭和 34・2・20 民集 13 巻 2 号
209 頁（②判決）、最判昭和 37・8・10 民集 16 巻 8 号 1720 頁（③判決）である。
まず、①判決は、前訴において 2 名の被告に対して連帯債務であることを主張
せずに 45 万円を請求し勝訴した原告が、一方の被告から半額の支払いを受け
た後に、他方の被告に対して連帯債務であったことを理由として残額の 22 万
5 千円を請求した事案において、「債権者が…連帯債務と主張しなかつたため

---

(3)　兼子一「確定判決後の残額請求」同『民事法研究第 1 巻』（酒井書店、1950 年）396 頁、三
　ヶ月 108 頁、新堂 337 頁、伊藤 225 頁等。

分割債務として勝訴の確定判決をえたときは、その後別訴において右債権を連帯債務である旨主張することは、前訴判決の既判力に抵触し、許され」ず[4]、「ある金額の支払を訴訟物の全部として訴求し勝訴の確定判決をえた後、別訴において、右請求をその訴訟物の一部である旨主張しその残額を訴求することは、許されない」と判示する。次に、②判決は、明示的一部請求の訴訟物の範囲につき「原告が裁判所に対し主文において判断すべきことを求めているのは債権の一部の存否であって全部の存否でないことが明らかであるから」訴訟物となるのは一部であるとする。そして、③判決は、「一個の債権の数量的な一部についてのみ判決を求める旨を明示して訴が提起された場合は、訴訟物となるのは右債権の一部の存否のみであつて、全部の存否ではなく、従つて右一部の請求についての確定判決の既判力は残部の請求に及ばないと解するのが相当である」と判示する。以上の①～③判決をまとめると、前訴において、原告が、訴訟物が全体の一部であることを明示しなかった場合（黙示的一部請求）には、残額を訴求することは許されないが（①判決）、一部であることを明示した場合には、訴訟物となるのはその債権の一部であり（②判決）、その確定判決の既判力は訴訟物の異なる残部請求の後訴には及ばない（③判決）から残額を訴求することが許されることになる。そこで、従来、判例は、一部であることの明示の有無を基準として、訴訟物とそれに対応する既判力の範囲を決定している（明示説）と考えられてきた。

　しかし、その後、判例はこの明示説とは異なる視点から後訴の残部請求の可否を決定する姿勢を見せた。最判平成6・11・22民集48巻7号1355頁（④判決）は、明示的一部請求訴訟において相殺の抗弁が提出された事案において、相殺の抗弁に理由がある場合には、「まず、当該債権の総額を確定し、その額から自働債権の額を控除した残存額を算定した上、原告の請求に係る一部請求の額が残存額の範囲内であるときはそのまま認容し、残存額を超えるときはそ

---

(4)　本判決によれば、分割債務という性質決定に既判力が生ずることになる。これに対しては、性質決定は既判力に関係しない（伊東・前掲注(2)522頁注187）、あるいは、性質決定に既判力が及ぶとしても本件では後訴は既判力が及ぶ関係にない（井上正三・民事訴訟法判例百選〔第1版〕〔1965年〕154頁）等の指摘がされている。本判例以外には性質決定についての既判力に言及するものは見当たらないようである（高橋宏志・百選173頁）。

の残存額の限度でこれを認容すべきである」とし、③判決を引用した上で、「相殺の抗弁により自働債権の存否について既判力が生ずるのは、請求の範囲に対して『相殺ヲ以テ対抗シタル額』に限られるから、当該債権の総額から自働債権の額を控除した結果残存額が一部請求の額を超えるときは、一部請求の額を超える範囲の自働債権の存否について既判力を生じない」として、いわゆる外側説を採用した[5]。そして、最判平成10・6・12民集52巻4号1147頁（⑤判決）は、1個の金銭債権の数量的一部請求は、債権の特定の一部を請求するものではないから、請求の当否を判断するためには債権全部について審理判断することが必要になるとし、「数量的一部請求を全部または一部棄却する旨の判決は、…債権の全部について行われた審理の結果に基づいて、当該債権が全く現存しないか又は一部として請求された額に満たない額しか現存しないとの判断を示すものであって、言い換えれば、後に残部として請求しうる部分が存在しないとの判断を示すものにほかならない。したがって、右判決が確定した後に原告が残部請求の訴えを提起することは、実質的には前訴で認められなかった請求及び主張を蒸し返すものであり、前訴の確定判決によって当該債権の全部について紛争が解決されたとの被告の合理的期待に反し、被告に二重の応訴の負担を強いるものというべきである」として、明示の有無にかかわらず、金銭債権の数量的一部請求訴訟で敗訴した原告が残部請求の訴えを提起することは、特段の事情がない限り、信義則に反して許されないとする[6]。

　これらの判決は、明示の有無に関わらず、相殺の抗弁について判断したり請求を棄却したりする場合には、債権の全部が審理対象となることを考慮して残部請求の可否を決定している。そこで、従来の明示説との整合性が問題となるが、判例は、必ずしも明示説を放棄したわけではなく、その後も明示の有無を残部請求の可否を決定する基準としたものが散見される[7]。そのため、判例理

---

(5)　最判昭和48・4・5民集27巻3号419頁は、過失相殺について外側説をとる。

(6)　最判昭和51・9・30民集30巻8号799頁参照。

(7)　例えば、最判平成25・6・6民集67巻5号1208頁は、明示的一部請求訴訟の提起は、残部について、裁判上の請求に準ずるものとして消滅時効の中断の効力を生ずるものではなく、特段の事情のない限り、残部について、「裁判上の催告」（民153条）として消滅時効中断の効力を生じるとする。

論を理解するには、もう少し立ち入った検討が必要である。

3　一部であることを明示することの意味

　判例は、明示説に立つ。とはいえ、よく見ると、必ずしも実際に明示行為が
あったか否かを基準とするものではない。例えば、後発後遺症に基づく損害賠
償請求に関して、最判昭和42・7・18民集21巻6号1559頁（⑥判決）は、前
訴で一部であることの明示行為がなかったにもかかわらず（事案の性質上明示
は困難である）、③判決を引用して一部請求構成をとり、前訴と後訴とはそれぞ
れ訴訟物を異にするから、前訴確定判決の既判力は後遺症損害を求める後訴に
及ばないとしているし、最判昭和61・7・17民集40巻5号941頁（⑦判決）は、
将来の賃料相当損害金について、公租公課の増大や土地価格の高騰等により、
前訴判決認容額が不相当になった場合に、認容額と適正賃料額との差額に相当
する損害金の支払いを求める後訴請求を認める理由として、「差額に相当する
損害金については、主張、立証することが不可能であり、これを請求から除外
する趣旨のものであることが明らかであるとみるべきであり、これに対する判
決もまたそのような趣旨のもとに右請求について判断をしたものというべき」
であって、その後認容額が不相当になった場合には「その請求は一部請求であ
つたことに帰し、右判決の既判力は、右の差額に相当する損害金の請求には及
ば」ないとする。また、最判平成20・7・10判時2020号71頁（⑧判決）は、
前訴が不当仮差押えによる弁護士費用相当額の損害賠償請求、後訴が不当仮差
押えによって県からの買収が遅れた遅延損害金相当額の損害賠償請求とするい
わゆる特定一部請求の事案において、③判決を引用したうえで、原告が前訴に
おいて直接に一部請求であることを明示していなくても、㋑原告側が費目を特
定した主張をしていたこと、㋺一部請求部分が実質的な発生事由を異にする別
種の損害費目であること、㋩これら損害費目を併せて一挙に請求することは原
告に期待し難かったこと、㋥被告側も、原告の主張した費目以外の費目の損害
が発生し、その損害が拡大する可能性を認識していたことを理由として、一部
についてのみ判決を求める旨が明示されたものと解すべきであると判示する。
　これらの事案において、判例は、前訴で実際には明示行為がなかった場合で

も、後から明示的一部請求であると評価して後訴請求を許容する。そうすると、このように明示があったと評価されて残部請求が認められる場合と、残部請求が認められない場合とがどこで区別されるかが問題となる。「請求の趣旨」には、債権全体についての記載があるわけではない（例えば「被告は原告に対して600万円支払え、との判決を求める」と記載されている場合、これが債権の全部を求めるものなのか、一部であるかはわからない）から、素直に考えれば、訴訟物はやはりそこに記載された部分に限られるといえそうである[8]。それにもかかわらず、判例はなぜ明示の有無を残部請求の可否を判断する基準とするのだろうか。

　一部であることの明示は原告が前訴で留保した残部を後に請求する可能性を示唆する。明示によって、被告は残部請求の存在を認識することができ、もし、前訴の段階で当該債権に係る紛争の一回的解決を望むのであれば、前訴において残債務不存在確認請求の反訴等を提起できる。これに対して、明示がなく、原告が残部について主張できるにもかかわらず何も主張しないような場合には、前訴において残部が留保されているか否かは不明であり、被告に、前訴判決により当該債権をめぐる紛争全体が解決するという期待が生じてもおかしくはない[9]。この点、⑧判決において、明示があったとするための判断要素として、前訴で原告が損害全部について主張することは困難であったこと（㈥）と、被告も残部の存在を認識していたこと（㈂）をあげている点が注目される。判例は、残部請求の可否を決定するにあたり、当事者の公平の観点から、原告の一部請求の利益（残部請求を認める方向に傾く）と被告の紛争解決に対する合理的期待の保護（残部請求を否定する方向に傾く）を衡量する指標として明示の有無をあげているといえるのではないだろうか。そうすると、明示の有無は、実際に明示行為があったか否かのみならず、前訴審理過程の実質的評価により決定される。すなわち、前訴において、原告がそもそも残部について主張できなか

---

(8)　高橋・重点講義㊤102頁注7、山本・基本問題105頁注3など。これに対して、勅使川原177頁は、①判決の処理を「一部請求の明示が全くない場合には、原則として、禁反言ないし信義則上、前訴の訴訟物と後訴の訴訟物を「同一関係」と評価することで、前訴判決の既判力によって処理する」ものと考える。

(9)　しかし、反訴の手数料等を考えると被告の不利益は完全に消えない。高橋・概論111頁。

った場合や、被告が残部請求の存在を認識していた場合には、一部であること
の明示ありとして、残部請求を求める原告の利益が保護され、他方、前訴にお
いて、原告が残部請求について主張できたにもかかわらず主張せず、被告が残
部の存在を認識していなかったような場合は、紛争解決に係る被告の利益がよ
り保護される。①判決の事案では、原告が前訴において後訴請求に係る主張を
することが可能であった等の事情から、後訴請求を求める原告の利益に比して、
前訴において債権全体をめぐる紛争解決に対する被告の期待を保護すべきもの
と判断され、後訴請求は遮断されたといえるのではないだろうか[10]。このよ
うな遮断効は、当事者の行為の評価を基礎とする点で、既判力ではなく、信義
則によって説明する方が通りがよい[11]。

4　前訴判決の後訴への影響

⑤判決によれば、前訴が明示の一部請求であっても、これが一部ないし全部
棄却された場合は、残部請求は信義則により遮断される。明示説を前提とすれ
ば、残部請求は前訴一部請求と訴訟物が異なるから前訴判決の既判力は及ば
ず[12]、また、債権全額について判断がされたとしても、これは判決理由中の
判断になるから、この点については何ら拘束力がないはずである[13]。それに
もかかわらず、残部請求が信義則によって遮断されるのは、原告が請求棄却を
避けるために請求原因事実について主張立証を尽くしたにもかかわらず、裁判
所が債権全体が不存在であると判断して請求棄却した場合には、論理的に残部

---

(10)　①判決を既判力というよりも禁反言（信義則）で処理したとみるものとして、山本弘「一部
　　請求」鈴木＝上田編128頁。高橋・前掲注(4)173頁は、最判昭和49・4・26民集28巻3号503
　　頁と同じ発想で禁反言と既判力を同視したのかもしれない旨指摘する。
(11)　これについては、「信義則に基礎をおく、訴訟物の枠を超える失権効」により残部請求を遮
　　断する見解（兼子一ほか『条解民事訴訟法』〔弘文堂、1986年〕615頁〔竹下守夫〕）、信義則と
　　りわけ禁反言（矛盾挙動禁止の法理）によって残部請求を遮断する見解（中野貞一郎『民事手続
　　の現在問題』〔判例タイムズ社、1989年〕85頁以下、三木・前掲注(1)112頁以下）がある。
(12)　債権の発生・消滅などの事由の判断は、一部請求の当否を判断するために必要となるが、訴
　　訟物を判断する限度でされるものにすぎない。河野正憲・民事訴訟法判例百選〔第4版〕(2010
　　年) 174頁。
(13)　河野・前掲注(12)174頁以下。

債権の不存在が帰結される結果、被告には請求の全部についての紛争解決期待が生じる一方、原告の残部訴求の利益はもはや存在しないといえ、信義則上、被告の紛争解決期待を保護すべきであると評価されるからだといえそうである[14]。

他方、明示の前訴一部請求が認容された場合、勝訴した原告が後に残部請求訴訟を提起することは、原告が明示的に残部を留保した趣旨に沿う。被告としても前訴で残部請求を予期できた以上、残部についての紛争解決期待があるとはいえない。そのため、残部請求は許容される。もっとも、そのように解すると、一部請求の前訴と残部請求の後訴とで異なる判決がされる可能性は残る。すなわち、前訴一部請求の理由中の判断には既判力が生じないから、争点効等により判決理由中の判断に拘束力を認めない限り、前訴一部請求が認容されても、債権自体の不成立等を理由に残部請求が否定されることはありうる[15]。そうすると、争点効等の拘束力を観念しない限り、試験訴訟の意味は減殺されることになろう。

5 〔問題〕の検討

最後に、これまでみてきた判例理論にしたがって、〔問題〕を検討する。まず、〔問題〕(1)についてみると、Xの明示の有無は残部請求の可否に影響する。Xが一部請求であることを明示していた場合には、一般に、被告は残部を認識可能であり、残部請求についての紛争解決期待は高いとはいえないから、残部請求は許容される。もっとも、前訴確定判決が請求棄却である場合には、これは債権全部について審理されたうえでの判断であるから、残部についても被告

---

(14) 勅使川原176頁。河野・前掲注(12)175頁は、この場合、残部請求訴訟は不当な訴訟の蒸し返しにすぎないと評価されても仕方がなく、訴訟上の信義則（権利失効の原則）から否定されるとする。また、松本=上野632頁以下〔松本博之〕は、公然の一部請求（明示的一部請求）の場合も隠れた一部請求（黙示的一部請求）の場合も、訴訟物は当該一部だとしつつ、それが請求棄却だった場合の残部請求は、請求原因のレベルにおいて請求を否定する前訴確定判決の判断と矛盾関係にあることから、既判力により遮断されるとする。

(15) 二重審理を避けるという裁判所の立場を強化していくと、請求認容の場合でも残部請求を否定することになろう。高橋・概論111頁。

56

の紛争解決期待が保護され、残部請求は否定される（→〔問題〕(2)）。他方、X
が一部請求であることを明示しなかった場合は、原告が明示できたのに明示し
なかった場合とそもそも明示できなかった場合とで別に考えられる。当事者の
公平の観点から、前者の場合は、残部請求は遮断され、後者の場合は、残部請
求は許容される可能性が高い。

　また、〔問題〕(3)はいわゆる特定一部請求であり、実質的な発生事由を異に
する別種の損害費目について原告が特定して一部請求を行っている。ここでは、
これら損害費目を併せて請求することが原告に期待できたか、また被告が別種
の損害費目についての残部請求の可能性を認識していたかどうかを判断し、残
部請求訴訟の可否を決定することになろう。不法行為を原因とする損害賠償請
求権の個数は費目にかかわらず全体として1個であるが、損害額の算定は費目
ごとに行わざるをえず、証拠の収集や立証活動も費目ごとに行う[16]。そのため、
原告がすべての損害費目を一挙に請求するのは容易でなく、また被告の残部認
識可能性も高いから、明示があったものと評価して残部請求を認める方向に傾
くことになろう。

〔関連問題〕

　(1)　Xは、Yに対する前訴提起時点においてα債権の総額を算定することが
困難であったため、当時判明していた600万円の部分についてのみを請求し、
請求棄却判決がされ確定した。その後にα債権の総額が1000万円であると算
定された場合に、Xが前訴で訴求しなかった400万円について請求することは
認められるか。

　(2)　〔問題〕(3)において、YがXに対して有するβ債権600万円で相殺する
旨の抗弁を提出したとする。裁判所がβ債権は存在するという心証を得たとき、
どのような判決をすることになるか。

※　(1)では、残部に対する被告の紛争解決期待や、棄却された場合に常に債権全部

---

(16)　最判昭和48・4・5民集27巻3号419頁、吉村徳重「損害賠償請求訴訟の訴訟物」小山ほか
　260頁以下等参照。

が不存在といえるか、また、原告は前訴で請求の拡張や全体債権額を特定する必要があるか等を検討する必要がある。(2)では、除外された費目について裁判所は額を認定できない点でどうするか、また、額の算出が可能であったとしても、原告の意思に沿うかを考えてみよう。

第6章

裁判上の自白

岡庭幹司

〔問題〕

小問(1)

　Xは、Yに対し、所有権に基づいて甲建物の明渡しを求める訴えを提起し、その請求原因として、Xが甲建物を所有していることおよびYが甲建物を占有していることを主張した。

　Yは、Xの上記主張を認めつつも、「ＸＹ間には甲建物につき使用貸借契約（以下「本件使用貸借契約」という。）が存在し、Yはこれに基づいて甲建物を占有している」と主張し（以下、この主張を「本件主張」という。）、Xの請求は棄却されるべきであると述べた。

　Xは、Yの本件主張を認めた上で、本件使用貸借契約については期間並びに使用および収益の目的の定めがないので、民法598条2項に基づいて解除し、直ちに返還を求める、と述べた。

　これに対して、Yは、本件主張を撤回すると述べるとともに、「甲建物については、Xの先代であるAとYの間で賃料月額10万円で期間の定めのない賃貸借契約を締結し、これに基づいて甲建物を占有している。賃料は3年分をAに前払いした。その後Aの死亡によりXがAの賃貸人たる地位を承継した。」

と主張した。

　Ｘは、Ｙの本件主張については両当事者間に争いがなく自白が成立しているからＹがこれを撤回することはできないと異議を述べた。

　以上の場合において、Ｙが本件主張を撤回することに制限があるかどうか、論じなさい。

小問(2)

　Ｘは、Ｘの父ＡがＹに対して300万円を貸し付け（以下、この貸付けに係る貸金債権を「本件債権」という。）、その後Ａが死亡してＸが単独相続した旨主張して、Ｙに対して消費貸借契約に基づき本件債権300万円の支払いを求める訴えを提起した。

　これに対して、Ｙは、Ａから300万円を借り受けたことを認めつつも、次のように述べて、請求棄却判決を求めた。すなわち、「Ａの生前に、訴外Ｂがその所有する甲建物をＡに代金1000万円で売った。ＡはＢに甲建物代金の一部として現金700万円を支払うとともに本件債権を300万円で譲渡し、残代金300万円と相殺して決済した。ＹはＡからＢへの本件債権の譲渡を承諾するとともに、かねてよりＹがＢに対して有していた300万円の反対債権を自働債権とし、本件債権を受働債権として相殺した。これによって本件債権は消滅した。」と述べた。

　Ｘは、Ｂが甲建物をＡに代金1000万円で売ったことは認める（以下、この陳述を「本件自白」という。）がＹの主張するその余の事実は否認すると述べた。その後になって、Ｘは、本件自白を撤回すると述べた。これに対してＹが異議を述べた。

　以上の場合において、Ｘが本件自白を撤回することに制限があるかどうか、論じなさい。

1　はじめに――裁判上の自白をめぐる近時の議論について

　本問は、判例上問題となった事例をモデルとして、裁判上の自白の要件および効果について問うものである。裁判上の自白とは、「訴訟の口頭弁論または

弁論準備手続において、相手方の主張する自己に不利益な事実を認める当事者
の陳述」[1]である。その成立要件は、①口頭弁論期日または弁論準備手続期日
における陳述であること、②事実についての陳述であること、③相手方の事実
主張と一致する陳述であることおよび④自白当事者にとって不利益な陳述であ
ることの 4 つ[2]であり、その効果として、(ア)自白が成立した事実は証明するこ
とを要しない（179 条）という証明不要効、(イ)裁判所は当事者間に争いのない
事実はそのまま判決の基礎としなければならず、これに反する事実を認定する
ことはできないという審判排除効、および、(ウ)自白した者は原則として自白内
容に矛盾する内容を主張することができないという撤回禁止効（不可撤回効・
撤回制限効）が生ずる[3]と説明されるのが通常である。

　しかし、裁判上の自白をめぐっては様々な議論がなされており、その要件・
効果のみならず、定義そのものについても見解の対立がある。とりわけ注目さ
れるのは、「新民事訴訟法〔平成 8 年制定、同 10 年施行の現行民事訴訟法〕下の
争点中心審理においては裁判上の自白につき新たな意義づけの必要がある」と
して、裁判上の自白を再定義する見解[4]である。この見解は、裁判上の自白を
観念の通知ととらえる通説的見解を斥け、「裁判上の自白は、自白対象事実を
訴訟における争点から排除する当事者の明確な意思表示として位置付けられる
べき」とした上で、当事者の争点除外の意思の真正が担保される限り、広い範
囲で自白の成立を認める。証明責任の所在は問題にせず、当事者に不利な事項
は自白の対象となるとし、的確な争点整理のためには間接事実についても自白
の拘束力を認めるべきと主張する[5]。また、これと関連して、裁判所に対する
拘束力である「審判排除効」を「審理排除効」と「判断拘束効」とに区分する
見解[6]も注目される。「審理排除効」とは、裁判所は自白された事実に関して
審理を行ってはならないものとする効果であり、「判断拘束効」とは、裁判所
は自白された事実を必ず判断の基礎にしなければならないものとする効果であ

(1)　秋山ほか・Ⅳ 55 頁。
(2)　鶴田滋「弁論主義・自白」法教 458 号（2018 年）111 頁、112 頁。
(3)　裁判所職員総合研修所監修『民事訴訟法講義案〔三訂版〕』（司法協会、2016 年）182 ～ 183
　　頁。
(4)　山本・基本問題 158 頁。
(5)　以上につき、山本・基本問題 151 頁、166 頁。

62

る[7]。審判排除効を審理段階と判決段階とに明確に区分し、審理段階における
自白の争点縮小機能[8]を際立たせる卓見であるといえよう。

　もっとも、これら近時の見解には疑問が無いではない。

　まず、争点整理の結果と自白の成否とは、理論的には別の問題である。例え
ば、認否において不知（159条2項）とされた事実については証明の必要が生
ずるが、弁論準備手続における文書の証拠調べ（170条2項）によって認定で
きるのであれば「その後の証拠調べにより証明すべき事実」（170条5項・165
条1項）から除外される。こうした事実については、争点整理の結果として実
質的争点から除外され、その後の証人尋問や当事者尋問による直接の立証の対
象とはされないが、当事者が不知の認否を維持している限りは自白が成立する
訳ではないから、裁判所は判決において証拠に基づいて認定しなければならな
い[9]。

　また、自白の撤回要件との関係で、「審理排除効」を観念する必要があるか
どうかにも疑問がある。自白には原則として撤回禁止効があるが、例外として、
判例は、自白内容が真実に反し、かつ錯誤に基づく場合には自白の撤回を許容
しており（大判大正4・9・29民録21輯1520頁）、反真実の証明があれば錯誤は
事実上推定される（最判昭和25・7・11民集4巻7号316頁）とする。この立場
からすると、一旦自白が成立しても、当事者がその撤回を申し出ると、撤回要
件を充足するか否か即ち自白事実が真実に反するか否かを審理する必要が生ず
るのであるから、「審理排除効」は認められないことになろう[10]。つまり、「審
理排除効」を認めるためには、その前提として、自白の撤回要件から反真実性

---

(6)　三木ほか233頁。嚆矢として、山本克己「戦後ドイツにおける弁論主義論の展開㈠㈡」論叢
　　133巻1号（1993年）1頁、134巻2号（1993年）1頁、畑瑞穂「弁論主義とその周辺に関する
　　覚書」『新堂幸司先生古稀祝賀・民事訴訟法理論の新たな構築・下巻』（有斐閣、2001年）71頁
　　参照。
(7)　三木ほか232頁。高田裕成「間接事実の自白——自白の効力論の一断面」『松本博之先生古
　　稀祝賀論文集・民事手続法制の展開と手続原則』（弘文堂、2016年）345頁、353頁は、それぞ
　　れを「主張整理段階における審判排除効」「判決事実確定段階における審判排除効」と呼ぶ。
(8)　三木ほか228頁、232頁。
(9)　竹下守夫ほか編集代表『研究会新民事訴訟法——立法・解釈・運用』（有斐閣・ジュリスト
　　増刊、1999年）185頁〔伊藤眞発言〕参照。
(10)　畑瑞穂「裁判上の自白の撤回に関する覚書」『松本博之先生古稀祝賀論文集・民事手続法制
　　の展開と手続原則』（弘文堂、2016年）363頁、366頁以下参照。

を除外し、錯誤のみとしなければならない。ところが、錯誤の証明は困難である[11]。実際には錯誤があったにもかかわらずその証明が奏功しなかった場合には、当事者の意思に基づかず、実体的真実にも合致しない、不当な判決がなされてしまうことになりかねない。この点について、証明の困難を救済するため、「錯誤のみを要件とするとしても、反真実を一種の間接事実として錯誤の証明をすることが許されることはいうまでもない」との指摘[12]がある。結論は妥当であるが、間接事実としてであれ反真実の証明の機会を与えるのであれば、結局、「審理排除効」を否定しているに等しいのではあるまいか。

　自白の争点縮小機能を重視して錯誤のみを撤回要件とする立場に立ちつつ、事後的な錯誤の証明の困難性を率直に認めるとすると、出来る限り錯誤による自白が生じないようにするための事前の手続的規律の方向を模索すべきこととなる。自白過程を的確な情報に基づいた透明なものとし、「自白が成立するには、その事実が当該訴訟で有する意味を自白当事者が十分に認識している必要があり、そのような認識なしでされた自白は効力を生じない」とするのである。具体的には、自白の成立については当事者間の主張の一致では足りず、「争点整理手続の中で、裁判官による法律問題や経験則の指摘等を前提に、その事実の当該事件全体の中での位置付けの認識を共通として、なお不利益を受ける当事者がその事実を争点としないとの意思を表示する場合に初めて自白の成立を認めるべき」とする[13]。しかし、これに対しては、実際の訴訟は本人訴訟も多く紛争の内容は極めて多岐にわたるため、すべての訴訟においてそのような運用を行うことは困難であること、および、自白成立の範囲が過度に狭くなり、かえって円滑な争点整理が阻害されるおそれがあることなどが問題点として指摘されている[14]。

　以上検討したとおり、争点中心審理の手続構造を採用した現行民事訴訟法下において自白を再定義しようとする近時の見解は、非常に注目すべきものでは

---

(11)　高橋・重点講義(上)501頁。
(12)　三木ほか245頁。
(13)　以上につき、山本・基本問題159頁、170頁。
(14)　渡邉弘「自白・擬制自白」門口正人編集代表『民事証拠法大系・第1巻』（青林書院、2007年）130頁、132頁以下。

あるものの、現時点ではにわかに賛同しがたいように思われる。争点整理の結果を覆すような主張立証の排斥は、解釈論としては、いわゆる詰問権（167条・174条）を前提とした時機に後れた攻撃防御方法の却下（157条）によって対処すべき問題であって[15]、自白の効果とは区別されるべきではなかろうか。そこで、以下では、裁判上の自白の成立要件および効果について、争点整理の問題と直接は関連させずに検討することとする。

2　小問(1)──不利益要件について

　本問は、最判昭和35・2・12民集14巻2号223頁（以下「昭和35年最判」という。）をモデルとして、自白の成立要件のうちの不利益性の意義を問うものである。自白の成立要件の一つとして自白当事者にとって不利益な陳述であることがあげられる[16]が、その理解を巡っては見解の対立がある。昭和35年最判の事件における控訴審判決は、「使用貸借に基くものであることはYの当審において明らかに自白するところであるから（Yは当審……の口頭弁論においてこの自白を取消す旨陳述しているけれども、右自白が真実に反し且つ錯誤によるものであるとの点について何等立証がないから、右自白の取消は認められない。）、Yの本件各家屋の右占有使用関係は……賃貸借ではなく期間の定めのない使用貸借であると解するのを相当とする」として、使用貸借の主張に自白の成立を認め、その撤回のためには反真実かつ錯誤の証明が必要であると解した。これに対して、昭和35年最判は、「自白とは、自己に不利な事実の陳述をいうので

---

(15)　なお、小野寺忍「民事訴訟の機能的運営のために──自白の撤回を制限するための基準の確認」『木川統一郎博士古稀祝賀・民事裁判の充実と促進・中巻』（判例タイムズ社、1994年）147頁参照。

(16)　勅使川原和彦「『弁論主義の第2テーゼ』と『裁判上の自白』小考」石川明＝三木浩一編『民事手続の現代的機能』（信山社、2014年）41頁、特に51頁以下、三木ほか240頁は、不利益要件を、自白の成立要件ではなくて、撤回制限効の発生要件の問題として位置付けるべきであるとする。正当な指摘であるが、本稿では伝統的な用語法に従う。なお、そもそも何故不利益要件が課されるのかにつき、菱田雄郷「自白」長谷部由起子ほか編『基礎演習民事訴訟法〔第3版〕』（弘文堂、2018年）87頁、92頁は、「一方当事者Aにとって不利益な陳述は、他方当事者Bに利益をもたらしているはずであるから、これをAが撤回するのは禁反言であり、かつ、Bの信頼を損なう」と指摘する。

あるから……本件において自白というべきものは、原審の判示した如くＹの
『本件家屋の占有は使用貸借に基くものである』との陳述ではなく、Ｘのなし
た『使用貸借の事実を認める』との陳述であり、その結果、Ｙとしては、使用
貸借の事実については、立証を要しなくなったものにほかならない。したがっ
て、Ｙが右主張を撤回し、新たに賃貸借の主張をするにいたったとすれば、立
証を要しない主張を立証を要する主張に変更したにとどまり、これをいわゆる
自白の取消ということはできない。されば、右主張の変更のためには、従前の
主張が事実に反し且つ錯誤に基いたとの主張立証を要すると解すべきではなく、
新たな主張が『故意又ハ重大ナル過失ニ因リ時機ニ遅レテ』なされ、それがた
めに『訴訟ノ完結ヲ遅延セシム』るか否かによってその許否を決すべきものと
いわなければならない（民訴一三九条〔現行157条に相当〕）。」と判示した。つ
まり、不利益性の要件を充たさず自白に当たらないから主張の撤回は可能であ
り、ただ、新主張を時機に後れた攻撃防御方法として却下すべき場合にその審
理が不要となるにすぎない、とした。はたして上記控訴審判決と昭和35年最
判のいずれの立場が妥当であろうか。

　この点に関する学説は、いわゆる敗訴可能性説と証明責任説とが対立し、拮
抗する状況にある[17]。

　敗訴可能性説[18]は、証明責任の所在にかかわらず、陳述者の敗訴につなが
る可能性のある事実を認めれば自白が成立するとする。これによると、本問の
Ｙは使用貸借契約が解除されることによって占有権原を失い敗訴する可能性が
あるから、これを認めるＹの陳述は自白に当たり、その撤回は原則として許さ
れないということになりそうである[19]。しかし、この見解に対しては、「有利

---

(17)　これら両説に対し、自白がなされた時点では事実の不利益性は一義的に明白であるとは限ら
　　ず、有利か不利かはその事実が判決の基礎にされた場合の結果的現象にすぎないとみて、そもそ
　　も不利益要件を不要とする見解（松本＝上野331頁、松本博之『民事自白法』〔弘文堂、1994
　　年〕32頁）がある。しかし、この見解に対しては、裁判上の自白の成立範囲が広がり過ぎ、か
　　えって不意打ち的な敗訴の危険性を増大させることにつながり（春日偉知郎「裁判上の自白」同
　　『民事証拠法論集──情報開示・証拠収集と事案の解明』〔有斐閣、1995年〕159頁、170頁）、
　　矛盾する主張の提出を認める現行法との調和を欠くおそれがある（小林秀之『証拠法〔第2
　　版〕』〔弘文堂、1995年〕224頁）との批判がある。
(18)　高橋・重点講義(上)482頁以下、菱田雄郷「裁判上の自白法則」新堂幸司監修『実務民事訴訟
　　講座〔第3期〕第4巻──民事証拠法』（日本評論社、2012年）77頁、85頁以下。

な事実か不利益な事実かが一義的に確定できないところに問題があり、実質的にも、矛盾した陳述をしているにすぎない当事者に対して、自白にもとづく拘束力を課してよいかどうかという疑問がある」との批判[20]がある。本問の設例に即してみると、使用貸借は、容易に解除されうるという意味ではYに不利益と評価することもできるが、占有権原を基礎付けるという意味ではYに利益と評価することもでき、不利益性を一義的に判断することができない。また、（本問とは逆に）先に賃貸借を主張しつつ、賃料支払いを証明できないことを慮って使用貸借を追加主張する場合のように、複数の攻撃防御方法を主張することは許容されており、たとえそれらが相互に矛盾する場合であっても仮定的主張として許容されるにもかかわらず、（本問のように）先に使用貸借を主張すると、なぜ後の賃貸借の主張が制限されてしまうことになるのか、疑問である[21]。

これに対して、証明責任説[22]は、相手方が証明責任を負う事実を認めることが自白であるとする。この見解に対しては、証明責任の分配が争われることによって帰結（自白の成否）が左右され、不安定さを抱え込むとの批判[23]がある。しかし、いわゆる法律要件分類説[24]によれば、権利発生の障害となる事実および権利の消滅を基礎付ける事実については義務者に証明責任があると判断することができ、敗訴可能性説と比較すれば基準として明確である。本問の事例の訴訟物は所有権に基づく返還請求権としての建物明渡請求権であり、請求原因は甲建物についてのX所有およびY占有である。これに対して、Yが占有権原の抗弁として使用貸借と賃貸借の２つを主張している。正当な占有権原

（19）　小林・前掲注(17)224頁。もっとも、だからといって直ちに賃貸借の審理が不要となるものではない。反真実かつ錯誤の場合に自白の撤回を許した上で反真実の証明があれば錯誤を事実上推定するという立場に立つと、撤回要件充足性の判断のために、裁判所はYの賃貸借の主張について審理する必要が生ずる。そして、Yが賃貸借の証明に成功すれば、真実に反する使用貸借の主張を撤回できると同時に、占有権原ありとして明渡請求を棄却に導くことができることになる。しかし、これでは実質的に撤回の要件がなくなってしまうとして、錯誤と同時に相手方の認識可能性の立証を要求すべきとする見解として、小林秀之「演習」法教100号（1989年）152頁参照。

（20）　伊藤359頁。

（21）　渡邉・前掲注(14)138頁。

（22）　三ヶ月388頁、伊藤358〜359頁。

（23）　高橋・重点講義(上)484頁。

（24）　司法研修所編『増補・民事訴訟における要件事実・第一巻』（法曹会、1986年）5頁、ＮＢＳ150頁以下。

があることは明渡請求権の発生を妨げるので占有者に証明責任があり、抗弁として位置付けられる[25]。したがって、証明責任説によれば、使用貸借はY自身が証明責任を負う事実であって、相手方が証明責任を負う事実ではないから、不利益性の要件を充たさず、Yがこれを認めても自白に当たらない、そうするとYは使用貸借の主張を自由に撤回することができ、裁判所は賃貸借の主張について審理しなければならない、ということになる。ただし、157 条所定の要件を満たす場合には、時機に後れた攻撃防御方法として自白の撤回および新たな主張が制限される。

　以上のとおり、証明責任説に立つならば昭和 35 年最判の見解を支持しうる。ただし、判例は証明責任説に親和的と見られるものの、敗訴可能性説に立ってもその結論を是認できないわけではなく、判例の立場を断定することは困難である[26]。

3　小問(2)――間接事実の自白について

　本問は、最判昭和 41・9・22 民集 20 巻 7 号 1392 頁（以下「昭和 41 年最判」という。）をモデルとして、間接事実について自白の拘束力が生ずるかどうかを問うものである。前述のとおり、自白の成立要件として「事実についての陳述であること」があげられるが、これが主要事実に限られるのか、それとも間接事実をも含むのかについては見解の対立がある。昭和 41 年最判の事件における控訴審判決は、BがAに甲建物を売った事実を認める旨のXの陳述について自白の成立を肯定し、反真実かつ錯誤の証明がないとしてその撤回を許さず、ＢＡ間の甲建物売買を当事者間に争いのない事実とした上で、これを前提としてAからBに本件債権の譲渡がなされたものと認定した。これに対して、昭和 41 年最判は、「Yらの……抗弁における主要事実は『債権の譲渡』であって、

---

(25)　なお、Xによる解除の主張は、Yの使用貸借の抗弁に対する再抗弁として位置付けられる。渡邉・前掲注(14)140 頁のブロック・ダイアグラム参照。

(26)　秋山ほか・Ⅳ 57 頁参照。なお、三淵乾太郎「判解」最判解昭和 35 年度 37 頁は、昭和 35 年最判の事案につき、敗訴可能性説によっても使用貸借がXに不利益な事実であることは明らかであるとする。

……自白にかかる『本件建物の売買』は、右主要事実認定の資料となりうべき、いわゆる間接事実にすぎない。かかる間接事実についての自白は、裁判所を拘束しないのはもちろん、自白した当事者を拘束するものでもないと解するのが相当である。しかるに、原審は、……自白の取消は許されないものと判断し、自白によって、ＡがＢより本件建物を代金○○○万円で買い受けたという事実を確定し、右事実を資料として前記主要事実を認定したのであって、原判決には、証拠資料たりえないものを事実認定の用に供した違法があ」る、と判示して、自白の成立を否定した。以下、それぞれの見解の当否を検討しよう。

(1) ＡＢ間の甲建物売買は主要事実か間接事実か

　主要事実とは、権利の発生、変更または消滅という法律効果の判断に直接必要となる事実であって、法規の構成要件に該当する具体的な事実である。これに対して、経験則または論理法則の助けを借りることによって主要事実の存否を推認するのに役立つ事実が間接事実である。まず、本問の設例におけるＡＢ間の甲建物売買が主要事実に当たるのかどうかを検討しておく必要がある。

　本問の設例における訴訟物は「本件債権」（消費貸借契約に基づく貸金債権）であり、Ｘが主張すべき請求原因事実は、①ＡがＹに300万円を貸し付けたこと、②Ａが死亡したことおよび③ＸがＡの子であることである（②および③は相続を基礎付ける具体的事実である）。これに対してＹは縷々述べているが、訴訟物である本件債権の存否を判断するために直接必要となる事実は「ＡがＢに本件債権を300万円で売ったこと」という事実（および債権譲渡の債務者対抗要件としてのＹの承諾があった事実）のみであり、請求棄却判決を求めるためにＹが主張すべき抗弁としてはこれで十分である。すなわち、ＡがＢに本件債権を譲渡すれば、Ａは債権者たる地位を失い、本件債権はＡの相続財産でなくなるから、それだけで直ちにＸのＹに対する請求には理由がないとの結論を導くことができる。そうすると、Ｂが甲建物をＡに代金1000万円で売ったとの事実は、主要事実ではなく、あくまでもＡからＢへの本件債権の譲渡を推認させる間接事実であるにとどまる。なお、本問の設例はあくまでも原告ＸがＹを被告として本件債権の支払いを求める訴訟であって、ＢのＹに対する訴訟ではないし、ＢのＡ（Ｘ）に対する甲建物の代金請求訴訟でもないから、設例中におけ

る各相殺の主張についてはそもそも審理する必要がない。

　この点について、近時はＡＢ間の甲建物売買を主要事実と捉える見解が有力に主張されている。もっとも、この見解は、ＡからＢへの債権の移転を債権売買ではなくて代物弁済によるものであると評価することを前提としている[27]。代物弁済による権利の移転を判断するためには、その前提として代物弁済によって消滅すべき債務の発生原因事実も主要事実として必要となる[28]から、そのように評価するとＢがＡに甲建物を代金 1000 万円で売ったことも主要事実となる。しかし、本問の設例およびそのモデルとした昭和 41 年最判の事実審における当事者の主張は、あくまでも債権売買を原因行為とする債権譲渡およびその代金債権と甲建物売買代金債権との相殺であって[29]、代物弁済ではない。そうすると、上述のとおり「ＡがＢに本件債権を代金 300 万円で売ったこと」のみを主要事実と捉えれば足りるのであって、ＢがＡに甲建物を代金 1000 万円で売ったとの事実は間接事実にとどまると言わざるをえない。ただ、社会的事実としてほぼ同一の事実を債権売買と法律構成するか代物弁済と法律構成するかによって扱いが大きく異なってしまうことが果たして適切かという批判としては傾聴しなければならない。そこで、間接事実の自白にも主要事実の自白と同様の効果を認めるべきとする見解について次に検討しよう。

(2)　間接事実の自白の対裁判所拘束力の有無について

ア　審判排除効について

　間接事実の自白に裁判所に対する関係における審判排除効を認めるかどうかについては見解が対立する。

　通説は、「主要事実について争ある場合に、その徴表に当る事実〔間接事実〕についての自白も、証明を要しないが、主要事実と異なって、必ずしも裁判所を拘束するものではないと解すべきである。けだし主要事実を自由心証による

---

(27)　高橋・重点講義⒠494 頁、山本克己「間接事実についての自白」法教 283 号（2004 年）73 頁、80 頁、田中豊『民事訴訟判例　読み方の基本』（日本評論社、2017 年）175 頁注 22）。

(28)　司法研修所編『改訂・紛争類型別の要件事実——民事訴訟における攻撃防御の構造』（法曹会、2006 年）114 頁、丹野達「間接事実と補助事実とについての若干の考察」同『民事法拾遺』（酒井書店、2004 年）173 頁、201 頁（初出・司法研修所論集 98 号〔1997 年〕）。

(29)　民集 20 巻 7 号 1406 頁参照。

認定に任せる以上、裁判所が公知の事実に反するとか或は証拠調の結果によって疑を抱く間接事実を、自白があったから存在するものとして、それに基いて心証を形成するように要求することは、無理な注文だからである」[30]として、間接事実の自白の裁判所に対する拘束力を否定する。判例（最判昭和31・5・25民集10巻5号577頁）も、「間接事実……については、たとえ当事者の自白ありとしても、裁判所は必ずしも、その自白に拘束されるものではな」いとしたが、理由は述べていない。

　これに対して、近時の有力説は、間接事実であっても訴訟の勝敗を左右するような重要なものがあるから、自白としての効果が生じる事実には重要な間接事実を含むものと解すべきであると主張する[31]。

　そこで検討するに、まず、すべての間接事実について自白の拘束力を認める見解に対しては、事実の経緯につき少しでも前の主張を訂正するような主張が出て、これに対して相手方が異議を申し立てると、その都度、当該事実についての自白の成否および撤回要件充足性について攻撃防御を尽くさせて審理しなければならなくなり、「すべての間接事実に自白法則を適用するという考え方は、恐らく実務の使用に耐えない」[32]と批判される。次に、重要な間接事実に限定して自白の拘束力を認める見解に対しては、「間接事実の重要性の有無についての認識が、裁判所と両当事者の間で一致するとは限らない」[33]との批判が妥当しよう。主要事実か間接事実かの区別が困難な場合がありうるとしても、両者は質的に異なるのに対して、間接事実の中で重要なものとそうでないものとを区別することは、相対的な問題にすぎないから、明確な基準たりえない[34]。

　そうすると、主要事実か間接事実かで区別するよりほかあるまい。もっとも、通説の「……無理な注文だからである」との前記理由付けは必ずしも説得的とはいえない。「自白された間接事実（たとえそれに疑いをもっていたとしても）から主要事実を推論することは、無理な注文とはいえない。法律上の推定規定の

---

(30)　兼子・新修248頁。

(31)　三木ほか235頁。

(32)　渡邉・前掲注(14)145頁。

(33)　山本（克）・前掲注(27)75頁。

(34)　丹野・前掲注(28)184頁は、「有用な間接事実であるかどうかは、甚だ曖昧であり、一般的・客観的な判定基準を示すことは極めて困難であろう」と指摘する。

ある場合で、その前提事実について自白があり、かつ推定をくつがえすための立証活動があったときと同様の心証形成作業であり、不可能なものとはいえないであろう」[35]との批判が妥当するからである。たしかに職業裁判官であれば不可能な心証形成作業とまではいえない。しかし、通説の言わんとすることは、主要事実について当事者間に争いがある場合には出来る限り実体的真実を明らかにした上でそれに即した解決をすべきであって、そのためには裁判所の自由な心証形成を制約すべきではない[36]という趣旨であろう。もし仮に間接事実の自白にも主要事実の自白と同様の完全な審判排除効を認めると、裁判所が疑いを持っているにもかかわらず、偶々ある間接事実について当事者間の主張が一致しているため、それを動かしがたい事実として前提としなければならなくなり、例えばそれに反する証人の証言は信用できないものとして扱わなければならなくなるなど他の証拠の評価にも影響し、延いては主要事実の認定の誤りにつながる恐れすら生じかねない。

　そのためか、間接事実の自白に審判排除効を認める見解も一定の限定を付し、「自白された間接事実からの主要事実への推論が別の間接事実の認定により妨げられることがありうる」ということおよび「自白された間接事実を打ち消すに足る別の間接事実が認定できる場合は別である」と留保する。「間接事実の自白の場合は、別の間接事実なり証拠なりによってその間接事実自体が否定されたときは、自白の拘束力が消える」として拘束力を弱めるのである[37]。この見解は間接事実に自白の成立を肯定しつつ反真実を理由とする自白の撤回を許す見解に近接し、自白された間接事実の存否について真偽不明となった場合の扱いにおいて否定説との違いが生ずるにすぎないこととなろう。しかし、一般に間接事実については証明責任を観念する必要がなく、「間接事実においてはその事実があるのかないのか分からず五分五分、あるいは七分三分だという心証のままで、他の間接事実あるいは弁論の全趣旨を総合して主要事実の認定をすればよく、かつ、その方がきめの細かい認定をすることができ」、「間接事実のレベルで、その存在または不存在を仮定する必要はなく、すれば、かえっ

---

(35)　新堂 587 頁。

(36)　丹野・前掲注(28)180 頁参照。

(37)　以上につき、高橋・重点講義(上) 494 頁。

て有害であるかもしれない」[38]のであるから、実体的真実に即した裁判を可能にするためには端的に間接事実の自白の審判排除効を否定する方が適切であるように思われる。

　なお、この点について、実体的真実は間接事実の自白の拘束力を否定する理由とはならず、間接事実についても当事者の意思を尊重して自白に裁判所拘束力を認めるべきであるとの見解[39]がある。しかし、より上位である主要事実につき争いがあり、これについて裁判所の適正な判断を求めたいというのが当事者の意思なのであるから、主要事実の存否を推認するための手段にすぎない間接事実について裁判所の介入を拒みたいという当事者の意思の方を重視することは本末転倒ではなかろうか[40]。以上のように考えると、間接事実の自白の審判排除効は否定されるべきであろう。

　イ　証明不要効について

　間接事実の自白についての審判排除効を否定する立場に立ったとしても、証明不要効は認めるのが一般である。つまり、間接事実であっても両当事者間に争いがないときは証拠調べを経ずしてその事実を裁判の前提とすることができる[41]。このように、自白された間接事実の真実性に裁判所が疑いを持たない場合には証明不要としつつ、他の間接事実との整合性や証拠からみて自白された間接事実の真実性に疑いを持つ場合には裁判所は自白に拘束されないと解することは、必ずしも背理ではない。もっとも、それをどのように説明するのかは一つの問題である。主要事実の場合には（いわゆる弁論主義の第二テーゼにより）審判排除効があるからこそ、その付随的効果として証明不要効が認められるとの一般的な理解[42]に立つと、審判排除効のない間接事実の自白に、なぜ証明不要効だけは認められるのか、という問題が生じる[43]からである。

　この点については、間接事実の自白に審判排除効がない以上は証明不要効も

---

(38)　高橋・重点講義(上) 524 頁。

(39)　玉城勲「間接事実の自白の裁判所拘束力について」琉法 92 号（2014 年）1 頁、48 頁。

(40)　額田洋一「当事者に争いのない間接事実の証明不要効」山梨学院ロー 8 号（2013 年）169 頁、178 頁参照。

(41)　司法研修所編『10 訂 民事判決起案の手引〔補訂版〕』（法曹会、2020 年）61 頁。

(42)　高橋・重点講義(上) 476 頁、鶴田・前掲注(2)113 頁。

(43)　額田・前掲注(40)175 頁。

ないから、179 条の「事実」に間接事実は含まれず、単に、自白的陳述を 247 条の弁論の全趣旨として斟酌した結果として裁判所が当該事実を真実と認定しているにすぎない、と説明することになろう[44]。しかし、この理解は条文の文理から離れることになる。179 条は「当事者が自白した事実」に限定を加えておらず、また、もし 179 条が弁論主義の現れであるならば、処分権主義に関する 246 条と同様に、明確に裁判所の権限を制約する趣旨を規定することも考えられるが、179 条は当事者に対して証明することを要しないという規定の体裁となっている。なお、事実認定の過程をできるだけ客観化・合理化する必要があり、弁論の全趣旨による認定は補充的なものとして位置付けられるべきであるとの立場に立つならば、自由心証主義による認定というブラックボックスに放り込んでおけばよいというのは問題であるとの批判[45]も可能であろう。

　これに対して、条文の文理から出発する見解は、179 条の「事実」には主要事実と間接事実のいずれも含まれると解した上で、ただ、主要事実の場合には、もし証明不要とされた自白事実と異なる事実を裁判所が認定すると当事者に不意打ちを与えるので、それを許さないために審判排除効（裁判所拘束力）を認めなければならない、と説明する[46]。この見解に対しては、なぜ 179 条が証明不要効を認めているのか説明していないとの批判[47]がある。しかし、有限の司法資源を効率的に利用するためという政策論[48]から説明できないわけではなかろう。

(3)　間接事実の自白の対当事者拘束力（撤回禁止効）の有無について

　間接事実の自白が裁判所を拘束しないとしても、自白した当事者自身を拘束するかどうか、つまり撤回が制限されるかどうかは別の問題である。

---

(44)　鶴田・前掲注(2)116 頁。
(45)　加波眞一「当事者間に争いのない陳述の取扱いと証明不要効」名法 223 号（2008 年）93 頁、特に 110 〜 111 頁、121 〜 122 頁。
(46)　勅使川原 50 頁以下。
(47)　鶴田・前掲注(2)115 頁注 11。
(48)　勅使川原 52 頁注 11。加波・前掲注(45)113 頁・116 頁は「無駄のない合理的で適正な認定規律の要請」「的確な争点整理の実効性確保のため等の審理の促進・効率化という政策的要請」を根拠とする。ただし、額田・前掲注(40)177 頁はこの説明に批判的である。

　間接事実について裁判所に対する審判排除効を否定しつつ当事者に対する撤回禁止効を認める見解は、自白の撤回の制限は弁論主義の問題ではなく、「たとい間接事実をめぐるものであっても、自己に不利益な事実を、訴訟の場で、積極的に自認したことには変わりないのであって、そのようなコミットメントを明示的になした者は、それなりに、その撤回につき、通常の場合にくらべて不利となることもやむをえぬし、このところでルーズになれば……当事者の訴訟戦術に無抵抗のまままき込まれてしまう危険をはらむ」から、主要事実と間接事実とで同一に扱って然るべきである[49]と主張する。

　確かに、当事者に対する自白の拘束力の根拠を自己責任と禁反言に求めると、これを肯定することと裁判所に対する拘束力を否定することとは必ずしも矛盾しない。

　しかし、この見解には、当事者は錯誤・反真実を立証しなければ自白事実に反する事実を前提とした弁論をなしえないのに、裁判所は自白事実と内容が異なる間接事実を前提として事実認定ができるということでは、当事者を不当に不利に扱うことになる（手続保障を害する）との問題がある[50]。

　そうすると、裁判所に対する拘束力（審判排除効）を否定する以上は、当事者に対する拘束力（撤回禁止効）も否定すべきであるといえ、昭和41年最判の見解を支持しうるであろう。もっとも、そのように解したとしても、自白の撤回が時機に後れたときにこれを許さないとすること（157条）および一旦自白をしたということそれ自体を弁論の全趣旨（247条）として斟酌することは、もとより何ら妨げられない[51]。

〔関連問題〕

　ＸはＹに対して甲自動車を300万円で売ったのに代金の支払いがないと主張

---

(49)　三ヶ月章「判批」同『判例民事訴訟法』（弘文堂、1974年）246頁、252頁。近時この見解を基本的に支持するものとして、川嶋473頁がある。なお、自白の撤回の制限は弁論主義の問題ではないとの点について、高橋・重点講義(上)478頁注3の2は、撤回があろうがなかろうが、裁判所が当事者の私的空間に関与しなければ弁論主義の要請は満たされているから、必ずしも弁論主義から当事者拘束力を導くことはできないことを指摘する。

(50)　高橋・重点講義(上)492頁。

(51)　川嵜義徳「判解」最判解昭和41年度379頁。

して、売買契約に基づき 300 万円の支払いを求める訴訟を提起し、その証拠として売買契約書（以下「本件文書」という。）を提出したところ、Y は本件文書に自ら署名したことを認めつつも、錯誤があったので売買契約を取り消すと主張した。この場合において、その後に Y が本件文書は偽造されたものであるとして、その成立の真正を争うことは制限されるか。

※　文書とりわけ処分証書の成立の真正という補助事実について自白の拘束力があるかどうかを問うものである。最判昭和 52・4・15 民集 31 巻 3 号 371 頁参照。

第7章
文書提出命令

渡部美由紀

〔問題〕

　X学校法人は、Xが運営する語学の専門学校で英語の講師として勤務していたYを解雇した。これに対し、Yは、Xを相手方として、当該解雇が無効であると主張して雇用契約上の地位にあることの確認と未払いの残業代の支払い等を求める訴え（以下「本件基本事件」という。）を提起した。

　⑴　Xは、Yの上司であるAが毎日日記（以下「A日記」という。）をつけており、YがAに対して行った非難や暴言のほか、Yの勤務態度等について記載していたことを知った。そこで、Yを解雇した原因としてYの勤務態度に問題があったことを裏付けるために、A日記を任意に提出するようAに求めた。しかし、Aは、A日記にはYの態度や行動と合わせてAが思ったままのことを記載しており、その内容を他人に知られると自分の評価が落ちるおそれがあると言って提出を拒んでいる。そこで、Xは、裁判所にA日記について文書提出命令を申し立てた。Xの申立ては認められるか。

　また、XがYの勤務態度等に問題があったことを立証する方法としてA日記の文書提出命令ではなく、Aの証人尋問によることを選択した場合、Aはこの事実について証言を拒絶することができるか。

(2)　Xには、タイムカードの設置がなかったため、残業代請求をめぐり、Yの労働時間について争いがあった。そこで、Yは自らの労働時間を裏付けるために、Xに勤務していた期間の出退勤した時刻を記録した日記（以下「Y日記」という。）の写しで、出退勤時刻ではない部分を黒塗りでマスキングしたもの（以下「Y日記の一部」という。）を証拠として提出した。これに対して、Xは、一部をマスキングした証拠の提出は、自らが引用した文書の一部の提出を拒否するものであるとして、220条1号文書として当該マスキング部分を含む本件日記の原本全部の提出を求めた。これに対して、Yは、Y日記の出退勤時刻ではない部分についてはYのプライベートな情報や第三者に関する情報が記載されており、自己利用文書に当たるため開示できないと主張している。Xの申立ては認められるか。

1　文書提出義務と文書提出命令

　当事者は、自らが書証の対象となる文書を所持しない場合でも、裁判所に、当該文書の所持者に対する文書提出命令を発してもらうことにより、相手方または第三者が所持する文書を証拠として用いることができる。特に証拠が当事者の一方に偏在するような事案では、文書提出命令は、他方の当事者にとって証拠収集のための重要な手段となる。

　裁判所に文書提出命令を発してもらうには、対象となる文書について証拠調べの必要性が認められ（181条）、文書の所持者が、当該文書について文書提出義務を負っていることが前提となる。これについて、旧民事訴訟法312条は、1号「引用文書」（当事者が訴訟において引用し自ら所持する文書）、2号「引渡し・閲覧文書（権利文書）」（挙証者が文書の所持者に対し法律上その引渡し・閲覧を請求できる文書）、3号前段「利益文書」（挙証者の権利義務や法律上の地位を基礎付けるために作成された文書）、および同号後段「法律関係文書」（挙証者と文書の所持者との間の法律関係について作成された文書）という類型（これらは現行法220条1号から3号までに対応する）のいずれかに該当する場合に限り文書提出義務を認めていた。このように文書提出義務を限定的なものとしたのは、文書の記載内容について所持者が有する処分の自由を尊重し、文書が公開される

ことに伴う文書の所持者の不利益を考慮したことによるとされる[(1)]。しかし、文書提出義務の範囲を限定的に解すると、証拠の偏在等による当事者間の実質的不平等を是正することは難しくなる[(2)]。そこで、実務では、とりわけ3号の「利益」や「法律関係」を拡張解釈する運用がされ、学説でもこれを支持する見解が有力であった。ただし、証言拒絶該当事由を記載した文書や、文書の所持者による内部使用のみが想定されているいわゆる自己利用文書（内部文書・自己使用文書）については提出義務を否定する解釈がされてきた[(3)]。

　このような動きを背景として、現行民事訴訟法220条は、旧法1号から3号までの従前の規定に加え、新たに4号を規定し、文書提出義務を一般義務化した。すなわち、4号は、イからホまでの除外事由（証言拒絶事由〔196条各号、197条1項2号・3号〕を記載した文書〔4号イ・ハ〕、専ら文書の所持者の利用に供するための文書〔同号ニ〕、公務員の職務上の秘密に関する文書でその提出により公共の利益を害し、または公務の遂行に著しい支障を生ずるおそれのあるもの〔同号ロ〕、刑事事件に係る訴訟に関する書類もしくは少年の保護事件の記録またはこれらにおいて押収されている文書〔同号ホ〕）に該当しないときに、広く文書提出義務を認める。これは、旧法の規律とは逆に、除外事由に該当しない限り原則として文書提出義務を認めるものである。もっとも、一般義務化といっても証人義務と同様の一般義務ではない。4号を文書提出義務の原因とする文書提出命令の申立ては、書証の申出を文書提出命令の申立てによってする必要がある場合でなければすることはできず（221条2項）、4号の一般義務文書に該当すること（除外事由がないこと）の証明責任は、文書の所持者ではなく、挙証者が負うと考えられている[(4)]。しかし、220条1号ないし3号と4号との関係をどのように考えるかについてはなお問題として残る[(5)]。

---

(1)　新堂幸司ほか編『注釈民事訴訟法(7)』（有斐閣、1995年）56頁〔廣尾勝彰〕、笠井＝越山編810頁〔山田文〕。

(2)　旧法の規律は、アメリカ法におけるディスカバリー制度、イギリス法におけるディスクロージャー制度、ドイツ法における実体法上の情報請求権等の他国における文書提出義務の範囲と比較しても非常に限定的であった。

(3)　旧法下の裁判例・学説については、新堂ほか編・前掲注(1)84頁以下参照。

(4)　伊藤442頁等。これに対して、新堂398頁は、4号が一般義務文書であることから、「4号に列挙された事由については、文書提出を拒否する側が、除外事由の存在について主張立証すべきものと考えられる」とする。

2 自己利用文書

(1) 「専ら文書の所持者の利用に供するための文書」

〔問題〕(1)では、まず、Ａ日記が、文書提出義務の除外文書となる「専ら文書の所持者の利用に供するための文書」（220条4号ニ）に当たるかどうかが問題となる。これは、自己利用文書（自己専利用文書）ないし自己使用文書と呼ばれ、およそ外部への開示を予定していない文書であり、これを開示対象とすると、文書の所持者の自由な活動が妨げられる懸念があることから、文書提出義務が否定される。とはいえ、記載内容の秘密性や要保護性を直接問題とする4号イ・ロ・ハの除外事由とは異なり、自己利用文書は、文書の作成目的を主要な要素とする。そのため、運用によっては一般提出義務の広範な例外を認めることになりかねず、文書提出義務を一般義務化した趣旨や真実に即した裁判の実現を不当に阻害するおそれがある。そこで、自己利用文書該当性の基準が問題となる[6]。

自己利用文書該当性についてのリーディングケースは、最決平成11・11・12民集53巻8号1787頁である。これは、銀行の融資の際の安全配慮義務違反を理由とする損害賠償請求訴訟において、被告である銀行の安全配慮義務違反を立証するために、当該銀行の所持する貸出稟議書の提出が申し立てられた事案である。最高裁は、自己利用文書に該当するというためには、①文書の作成目的、記載内容、これを現在の所持者が所持するに至るまでの経緯、その他の事情から判断して、専ら内部の者の利用に供する目的で作成され、外部の者に開示することが予定されていない文書であり（内部文書性、外部非開示性）、②開示されると個人のプライバシーが侵害されたり個人ないし団体の自由な意思形成が阻害されたりするなど、開示によって所持者の側に看過し難い不利益が生ずるおそれがあると認められ（不利益性）、③自己利用文書該当性を否定する特段の事情がない（特段の事情の不存在）という3要件を満たす必要があ

---

(5) 4号が一般義務であるとすると、1～3号の規定を置かなくてもよいのではないかという疑問が生じる（新堂398頁）。1～3号と4号との関係について長谷部236頁等参照。

(6) 三木ほか329頁等参照。

るとし、貸出稟議書は、銀行内部において融資案件についての意思形成を円滑・適切に行うために作成される文書であって、法令によってその作成が義務付けられたものでもなく、融資の是非の審査にあたって作成されるという文書の性質上、忌憚のない評価や意見も記載されることが予定されているから、特段の事情がない限り、自己利用文書に当たるとした。

　その後の判例も、これらの要件に照らして自己利用文書該当性を判断している。①要件に関しては、法令上の義務に基づいて作成された文書やこれに準ずる理由で作成された文書については、基本的に自己利用文書該当性が否定される。例えば、弁護士等を委員とする調査委員会が作成した破たん保険会社の調査報告書について、当該文書が法令上の根拠を有する命令に基づいて作成されたものであることを主たる理由として、自己利用文書該当性を否定するもの（最決平成 16・11・26 民集 58 巻 8 号 2393 頁）、銀行に対する監督官庁の資産査定の前提となる資料について、法令により義務付けられている資産査定の前提資料であることを主たる理由として、自己利用文書該当性を否定するもの（最決平成 19・11・30 民集 61 巻 8 号 3186 頁）、また、県議会議員の政務調査費〔現行法では政務活動費〕に関する領収書等や会計帳簿について、条例により政務調査費の交付を受けた県議会議員は領収書の写し等を添付した収支報告書を県議会議長に提出しなければならず、何人も同議長に対して当該領収書の写し等の閲覧を請求することができるとされていて、調査研究活動の自由をある程度犠牲にしても政務調査費の使途の透明性の確保を優先させるという政策判断がされたと見るべきことなどを理由として、自己利用文書該当性を否定するもの（最決平成 26・10・29 判時 2247 号 3 頁）がある。

　②要件に関しては、地方議会の議員が所属会派に交付された政務調査費を使用して行った調査研究に関して作成し、当該会派に提出した調査研究報告書等の文書について、条例上、専ら各会派の内部にとどめて利用すべき文書であることが予定されており、開示されると執行機関や他の会派等の干渉によって会派および議員の調査研究が阻害されるおそれがあり、調査研究に協力した第三者のプライバシーが侵害されるおそれがあるとして、不利益性を肯定したもの（最決平成 17・11・10 民集 59 巻 9 号 2503 頁。ただし、同報告書の作成が法令の定めにより義務付けられているとの理由で内部文書性を否定する横尾和子裁判官の反

対意見がある）や、事務連絡等に用いられる社内通達文書について、内部の者の利用に供する目的で作成されるが、当該法人の意思が形成される過程で作成される文書ではなく、すでに形成された意思決定内容を周知伝達するための文書であり、開示により当該法人の自由な意思形成が阻害されるものでないとして、不利益性を否定するものがある（最決平成18・2・17民集60巻2号496頁）。

　③要件に関しては、経営破たんした信用組合が作成した貸出稟議書について、当該信用組合は清算中であって将来において貸付業務を行うことはなく、また当該信用組合から営業を譲り受けた整理回収機構は法律の規定に基づいて債権の回収に当たっているものであって、当該稟議書の提出を命じられても自由な意思形成が阻害されるおそれはないとして、特段の事情の存在を認めるもの（最決平成13・12・7民集55巻7号1411頁）[7] がある。

　他方、学説では、法律関係文書の概念を前提とする旧3号下での自己利用文書概念は、一般義務文書の範囲を制限する自己利用文書の概念と当然に一致するものではないとして、利益考量により自己利用文書該当性を決する見解も有力に主張されている[8]。これによれば、自己利用文書は、専ら所持者の利用に供するための文書を指し、第三者の利用を予定するものはこれに含まれない。第三者の利用が予定されるかどうかは、①法令上作成を義務付けられ、必要な場合には第三者に交付することが予定されているか、②文書が作成者の意思形成過程を記録したものであるか、または客観的事実を記録したものであるか、③専ら所持者の利用に供すると認めることが挙証者との公平に反しないかなどの視点から総合的に判断される[9]。

---

(7)　三木ほか331頁は、③要件は、②要件の問題として処理することができ、独立要件としての意義は希薄であるとする。また、三木浩一「文書提出命令における『自己利用文書』概念の現在と将来」『小島武司先生古稀祝賀・民事司法の法理と政策(上)』（商事法務、2008年）833頁は、②要件は(i)プライバシーの侵害の場合と(ii)団体の自由な意思形成を阻害する場合とに分解されるとし、結論として自己利用文書概念を廃止し、(i)を独立の除外事由として規定し(ii)については除外事由として不適当であるとする（220条4号ハ・197条1項3号および(i)を通じて保護すれば足りるとする）。本文で紹介した以外の判例について、長谷部217頁以下参照。

(8)　伊藤442頁以下。

(9)　自己利用文書をめぐる議論の最近の展開については、新堂402頁以下が詳しい。

(2)　証人義務との違い──自己利用文書の保護法益は何か

　日記の内容を証拠として訴訟に顕出する方法は書証だけではない。〔問題〕において、XはAを証人として申請し、その証言を得ることも可能である。書証と証人尋問を比較すると、220条4号の文書提出義務に除外事由が認められるように、証人には一定の場合に証言拒絶権（196条、197条）が認められる。しかし、両者の範囲は異なる。すなわち、自己利用文書の保護法益について、判例は、個人のプライバシーのほか、個人ないし団体の自由な意思形成等をあげているが、これらは証言拒絶権の根拠になっていない。そうすると、なぜ自己利用文書が、特別に文書提出義務の対象から除外されるかが問題となる。

　これについて、立法担当者は、ある事実について証人として証言する場合には、口頭で、尋問を受けた事項についてだけ証言すればよいのに対し、その事実が記載されている文書そのものを提出する場合には、その内容のみならず、記載に用いた筆記具、用紙、字の巧拙までも相手方や訴訟記録閲覧者の知るところとなるところ、およそ外部の者に開示を予定していない文書について、所持者の意思に反して提出を強制することができるものとすると、たとえ証言拒絶事項が記載されている文書でなくても、文書の所持者が著しい不利益を受けるおそれがあるため、両者の取扱いは異なると説明する[10]。これに対して、学説では、両者の取扱いの違いの正当化根拠を、作成者の高度の精神作用の結晶としての文書という特性に求める見解[11]、証言と文書とでは情報の媒体の違い（人間の記憶と文字その他の記号を定着させた書面）を前提として、文書という表現形態を選択した作成者の利益や文書の作成・保管を促進するという社会的価値に求める見解[12]、情報伝達によるプライバシーなどの侵害の程度がより大きいことに求める見解[13]がある。文書作成者のプライバシー等のみならず、社会的価値も自己利用文書に対する文書提出義務免除の根拠とするならば、自己利用文書該当性の決定基準も変わる可能性があろう[14]。

---

(10)　一問一答 251 頁。

(11)　伊藤眞「自己使用文書再考──組織運営をめぐる文書提出義務の基礎理論」『福永有利先生古稀記念・企業紛争と民事手続法理論』（商事法務、2005 年）264 頁以下。

(12)　垣内秀介「自己使用文書に対する文書提出義務免除の根拠」前掲注(7)小島古稀 255 頁。

(13)　長谷部由起子「証言拒絶権と文書提出義務の除外事由」『伊藤眞先生古稀祝賀論文集・民事手続の現代的使命』（有斐閣、2015 年）481 頁。

(3) 〔問題〕(1)の検討

　まず、A日記が自己利用文書に該当するかどうかが問題となる。判例の提示した3要件に当てはめて考えると、A日記は、①Aが誰かに見せることを予定して書いていたものではなく、②開示によってAの考えていたことが赤裸々になりプライバシーが侵害されるおそれがあり、③特段の事情は認められないことから、自己利用文書に該当する。他方、利益考量によって自己利用文書性を決定する見解によっても、A日記は、①法令上作成を義務付けられ、必要な場合に第三者に交付することが予定されている文書ではなく、②作成者Aの意思形成過程を記録したものであり、③XにはAの証人尋問など他の立証手段があり、専らAの利用に供すると認めてもXとの公平に反するとはいえないことなどから自己利用文書に該当しよう。Xが、A日記が自己利用文書に該当しないことを証明しない限り文書提出命令は発せられないから、本問では、Xの申立ては認められないことになる。なお、判例・通説によれば、自己利用文書は法律関係文書（220条3号後段）には当たらないから、3号について検討する必要はない[15]。

　次に、Aが証人として、A日記と同様の内容であるYの勤務態度等について証言する場合について考えてみよう。証人尋問では、その内容がAのプライバシーに関係するものであったとしても、証言拒絶権は認められない。しかし、Aは尋問された事項についてのみ証言すればよく、作成時に言語化・固定化されているA日記とは異なり、適時ふさわしい表現を選んで証言することができる。

---

(14)　長谷部220頁参照。

(15)　立法担当者は、220条1号から3号までについて従前の解釈が妥当するとし、個人的な日記と団体の稟議書が4号ニの自己利用文書に当たると説明する（一問一答245頁以下、251頁）。また、前掲平成11年最決は自己利用文書に当たると解される以上、3号後段の文書に該当しないことはいうまでもないとする。

3　引用文書

(1)　引用文書

　引用文書の提出義務は、220 条 1 号に定められており、旧法 312 条 1 号に対応する。引用文書の所持者がその提出を拒むことができないとされる理由は、当事者が自己の主張を基礎付けるために自ら所持する文書の存在・内容を引用した以上、相手方当事者との関係では文書を秘匿する利益を放棄したと解され、当該文書に起因して裁判所が一方的な心証を形成する危険を回避するため相手方当事者に文書の内容についての立証の機会を与えることが公平であると考えられるからである[16]。

　「引用」の程度については、①文書を立証のための証拠として引用したものでなければならないとする説と、②口頭弁論や弁論準備手続における主張で引用した場合のほか、口頭弁論で陳述されていない準備書面の記載で引用した場合や、本人の陳述書や本人尋問における陳述で文書の存在・内容へ言及した場合でも足りるとする説があり、②説が現在の通説である[17]。もっとも、②説によると、当事者が、相手方の照会や裁判官の釈明にしかたなく応じて文書の存在を示唆した場合にも引用文書性が認められることが懸念される。そのため、引用文書性を認めるべきか否かの補助的な判断基準として引用の態様の積極性や、自己の主張を基礎付けるためという目的を引用文書の要件に組み込むことが主張されている[18]。

(2)　〔問題〕(2)の検討

　一部マスキングされた上で証拠として提出された日記につき、秘匿部分を含めた全部に引用文書性が肯定されるか、また、引用文書性が肯定される場合、

---

(16)　ＮＢＳ 139 頁、伊藤 435 頁、長谷部 235 頁。

(17)　新堂ほか編・前掲注(1)68 頁〔廣尾〕、注釈民訴 4 巻 502 頁〔三木浩一〕等。

(18)　伊藤 435 頁参照。大阪高決平成 23・1・20 判時 2113 号 107 頁は、引用文書該当性は、当該文書の存在・内容を引用しながら提出しないことが、信義則に反し公平性を害するかどうかによって決せられるべきであるとする。学説の詳細については、北村賢哲「判例研究」千葉 33 巻 3 ＝ 4 号（2019 年）5 頁以下参照。

自己利用文書性を有する秘匿部分についても文書提出義務を負うことになるか
が問題となる。

　この問題は、さいたま地決平成 27・9・29（平成 27 年㈱第 72 号）を参照して
作成したものである[19]。これは、X学校法人が教師として勤務していたYを
解雇したことに対して、Yが解雇無効を主張して雇用契約上の地位の確認およ
び残業代等の支払いを求めた訴訟において、Yが自らの実労働時間を裏付ける
ために、Xに勤務していた期間の出退勤時刻を記録した日記の写しで出退勤時
刻と異なる部分の記載の一部の文字にマスキングしたものを提出したところ、
Xが、一部をマスキングした証拠の提出は、自らが引用した文書の一部の提出
を拒否するものであるとして、220 条 1 号および 4 号により当該マスキング部
分を含む本件日記の原本全部の提出を求めた事案である。同決定は、「引用文
書とは自己の主張を基礎づけるために積極的に用いた文書を指す」としたうえ
で、次のように判断して秘匿部分を含め全部に引用文書性を肯定し、文書提出
義務を認めた。

　「法が引用文書の提出義務を定めたのは、訴訟当事者の一方が、自らの訴訟
に有利に展開するために文書の存在を積極的に主張した場合には、当該文書を
開示されてその内容を他方当事者と裁判所の批判にさらし、当該文書の信用性
を十分吟味できる機会を与えることが公平であると共に、当該文書が存在する
ことに起因して裁判所が不公正な心証を抱くことがないようにするためと解さ
れる。文書の所持者が、一体となっている文書の一部分だけを取捨選択して証
拠とし、それ以外は引用文書にあたらないとしてその開示を拒むことを許せば、
一個の文書のうち自己に有利な部分のみを恣意的に選択開示することが可能と
なって、民事訴訟法 220 条 1 号が引用文書を特に独立した開示対象文書に定め
た意義を没却することとなり、相当ではない。」「Yが提出した本件日記の一部
は、単なる日付や時間の羅列ではなく、毎日、日々の出来事と共に記録された
日記という体裁を取る文書であるからこそ、当該日付や時間の意味が明らかに
なり、あるいはその信用性が担保される文書なのであって、本件日記のうち、

（19）　北村・前掲注(18)1 頁以下参照。本決定は公刊されていないため、事案の概要や決定要旨の
　　　内容は同判例研究による。

少なくとも各日付毎に作成された文書部分は、その体裁や内容を含め、それぞれにその全体が一個の引用文書にあたるというべきである。」「Yは、自ら本件日記の一部を書証として提出し、これを引用したのであって、既に本件日記の相当部分は裁判所及び訴訟当事者の目に触れる状況にあり、これを公開されないという秘密保持の利益は、既にY自身がこれを放棄したものというべきである。」「なお、Yは、本件日記中のマスキング部分は、Yのプライベートな情報やY以外の第三者に関する情報が記載された部分であって、本件日記の信用性やXによるYの解雇部分とは関連性がないとも主張するが、引用文書の一部であるという意味で、マスキング部分が本件日記の信用性に関わるものであることは明白である。本件日記の内容に、相手方が認識した第三者に関する情報が記載されているとしても、それが開示されることもまたやむを得ないというほかない。」[20]

　まず、非開示部分の引用文書性について、本決定は、文書の所持者が、一体となっている文書の一部分だけを証拠とし、それ以外は引用文書に当たらないとしてその開示を拒むことができるとすれば、220条1項の趣旨を没却することになるとし、少なくとも各日付毎に作成された文書部分は実質的に不可分一体であるとしてこれを認める[21]。これに対しては、個人が自由に書くことのできる日記の中で、記述に内容上の一体性があることには何らの保証はないし、日記の不可分一体性を前提として提出義務を認めると、プライバシー侵害や日記を証拠として提出するという行動に深刻な萎縮をもたらすことなどから、非開示部分に引用文書性を認めるべきでないという批判がある[22]。

　次に、非開示部分が引用文書に当たるとした場合、非開示部分は引用文書にも自己利用文書にも該当することになり、提出義務が認められるかどうかが問

---

(20)　旧法下のものであるが、大阪高決昭和58・4・8判タ500号167頁は、日記の一部を証拠として提出した事案において、日記は不可分一体であり、提出されていない部分も含めて日記全体が引用文書に該当するとする。

(21)　前掲注(18)平成23年大阪高決は、取材を録音したテープの一部を反訳した書面の提出に対して、相手方から録音テープ自体の提出が求められた事案において、「文書の存在及び内容について言及されたとしても、これを提出しないことが上記信義則に反し公平性を害すると言えない場合には、当該文書は引用文書に当たらない」とする。

(22)　北村・前掲注(18)15頁以下。

題となる。これについては見解が分かれる。多数説は、引用文書が4号の除外文書に該当する場合でも提出義務を肯定する。その理由としては、1号が固有の理由で提出義務を認めていることや、引用行為によって秘匿の利益が放棄されたことがあげられる[23]。これに対しては、非開示部分について秘匿の利益が放棄されているとはいえず、守秘義務ないしプライバシーの保護を重視して提出義務を否定する見解がある[24]。この見解によれば、非開示部分についての提出義務は否定される。

〔関連問題〕

(1) Xは、Aに対して遺留分減殺請求権を行使し、遺産に属する金員の支払いを請求する訴訟を提起した。この訴訟において、Xは、Aが生前の被相続人から払戻しを受け、Y銀行のA名義の預金口座に入金していた事実を立証するために、Y銀行に対して、Aの取引履歴を記載した明細表の提出をするよう裁判所に申し立てた。Yはこの文書について文書提出義務を負うか。

(2) 介護サービスを業とするX株式会社は、同業のY株式会社の代表取締役Aに対して、競業避止義務違反に基づく損害賠償請求訴訟を提起した。この訴訟において、Xは、Aによって奪われた顧客の特定および損害額の確定のために、Yに対して、Yが介護給付費等を請求するために作成した介護サービス利用者リストを提出するよう裁判所に申し立てた。Yはこの文書について文書提出義務を負うか。

※(1)について、最決平成19・12・11民集61巻9号3364頁、(2)について、最決平成19・8・23裁判集民事225号345頁参照。

(23) 笠井＝越山編842頁〔山田〕等。
(24) 高橋宏志「引用文書の解釈論」新堂幸司＝山本和彦編『民事手続法と商事法務』（商事法務、2006年）297頁、302頁、北村・前掲注(18)19頁以下等。

第8章
過失の主張と証明責任

渡部美由紀

〔問題〕

　会社員Aは、自宅の最寄り駅から歩いて帰宅する途中に、大学4年生であるBの運転する自転車にはねられ、全治3か月の重傷を負った。事故現場は見通しが良く、歩道と車道の区別のない道路であり、事故当時、Bはスマホで音楽を聴きながら自転車を運転していた。AはBに対して治療費および慰謝料（以下「治療費等」という。）を請求したが、Bはこれを支払おうとしない。

　⑴　Aは、Bがスマホの操作に気を取られて前方不注意になりハンドル操作を誤ったことが事故の原因だと主張し、Bに対して治療費等の損害の支払いを求める訴訟を提起することにした。Bは、前方不注意であったことを否認し、スマホで音楽を聴いていたことは認めるが、自転車の運転に問題はなかったと主張した。審理の結果、裁判所は、Bに前方不注意があったかどうかについては6割程度の心証しか得られなかった。過失以外の請求原因事実の主張立証は十分であったとして、裁判所はどのような判決をすることになるか。

　⑵　⑴において、Bの運転するのが自動車であった場合、裁判所はどのような判決をすることになるか。

　⑶　Aは、Bは前方不注意かスピードの出し過ぎによってハンドル操作を誤

ったと主張した。審理の結果、Aが道路の端の安全な場所に立ち止まっていた
ところに、Bが突然追突してきたことがわかった。裁判所は、Bには何らかの
過失があると考えたが、それが、前方不注意か、スピードの出し過ぎによるも
のかははっきりしなかった。過失以外の請求原因事実の主張立証は十分であっ
たとして、裁判所は、Aの請求を認容することができるか。

(4)　Bは事故の原因はAが突然進行方向を変えて飛び出してきたことにあり、
自己に過失はないと考えていたため、治療費の支払いを拒んでいた。Aから何
度も治療費の支払いを要求されたBは、Aに対して、Aの主張する損害賠償債
務が存在しないことの確認を求める訴えを提起することにした。この場合、B
の過失についての証明責任はAとBのどちらが負うか。

1　問題の所在

本問では、不法行為に基づく損害賠償請求訴訟の事例を通じて、証明責任や
その分配をめぐる問題について考えてみよう。

(1)　事実の認定と証明責任

自白された事実や裁判所に顕著な事実を除いて（179条）、裁判所は、判決を
するに当たり、口頭弁論の全趣旨および証拠調べの結果を斟酌して、自由な心
証により、事実についての主張を真実と認めるべきか否かを判断する（247条
〔自由心証主義〕）。しかし、当事者がいくら主張・立証を尽くしても、裁判所が
証明主題となる事実の存否について心証を形成できない場合は残る。事実が真
偽不明（ノンリケット〔non liquet〕）であっても、公権的・強制的な紛争解決手
段である民事訴訟においては、裁判所は裁判を拒否することはできない。この
ような事態に対処するために登場する法技術が証明責任である。

証明責任とは、訴訟において裁判所がある事実の存否につきそのいずれとも
確定できない場合に、その事実を要件とする自己に有利な法律効果の発生が認
められないこととなる一方当事者の不利益ないし危険をいう[1]。すなわち、証

---

(1)　NBS 150頁。

明責任は、これから証明（立証）していかなければならないという行為責任ではなく、証明できなかった結果当事者が負う結果責任である。これは、ある事実が真偽不明の場合に裁判を可能にするためのテクニックであるから、その負担は主要事実（権利の発生、変更または消滅という法律効果の判断に直接必要となる事実）についてのみ考えればよい。主要事実だけ押さえておけば、法規の適用・不適用は可能となり、裁判ができるからである。また、1つの事実につき「当該事実の存否」という形で当事者の一方のみが証明責任を負担する。一方当事者が事実の存在、他方当事者が同事実の不存在について証明責任を負うとすると、その事実が真偽不明の場合に裁判をすることができなくなるためである。

(2)　証明責任の分配

　法律効果発生の基礎となる特定の法律要件事実について、どちらの当事者が証明責任を負うか（証明責任の分配）は、訴訟の進行に応じて個別に決まるのではなく、実体法関係的にあらかじめ決まっている。通説は、法規不適用説[2]を前提として、各当事者は、自己に有利な法律効果の発生を定めている法規の構成要件に該当する事実について証明責任を負担するという考え方（法律要件分類説）に立つ。法規が自己に有利かどうかは、その法規の実体法上の性質によって分類される。すなわち、法規は、①権利の発生要件を定めた権利根拠規定、②①に基づく効果の発生を当初から妨げる要件を定めた権利障害規定、③一旦発生した権利の消滅要件を定めた権利消滅規定および④①に基づいて発生した権利の行使を一時的に阻止する要件を定めた権利阻止規定に分類され、①については権利を主張する者が、②〜④については権利を争う者がそれぞれ証明責任を負う[3]。証明責任を負う当事者は、その立証活動によって証明主題である事実について裁判官の確信を得られないと、証明責任によって、求める法律効果が認められない不利益を負う。そのため、証明責任の分配は、訴訟の勝

---

[2]　ある実体法規について「A事実が存在すれば法律効果Rが発生する」と定められている場合に、A事実の存否が不明であるときの扱いとしては、当該法規の適用を認める考え方と認めない考え方がありうる。法規不適用説は後者に立つ。

[3]　ＮＢＳ 150 頁。もっとも、153 頁のコラム参照。

敗を決する際にとても重要な意味を持つ。しかし、その一方で、証拠の偏在や両当事者の属性の違い（国や大企業 vs 個人等）等から、原則通りに証明責任を分配すると、一方当事者に酷な結果になる場合が生じる。そこで、当事者の公平や政策的観点から、法律上、一定の場合には、立証を容易にするための方策や証明責任の転換をはかる方策が立てられており、解釈論上も証明責任の負担を軽減するための様々な提案がされている。

2 〔問題〕(1)の検討──「過失」の立証

(1) 「過失」の主要事実

　本問は、不法行為に基づく損害賠償請求権（民 709 条）を訴訟物とする。裁判所が、原告の請求権を認めるには、民法 709 条が規定する要件を満たす必要がある。そうすると、「過失」が要件の 1 つとなり、通説によれば、当該権利の発生を主張する立場にある原告（被害者である A）がその存否について証明責任を負うことになる。しかし、「過失」は抽象的な規範的要件である。そのため、これを主要事実と捉えてよいかは、弁論主義との関係で問題となる。「過失」自体を主要事実と捉えると、原告は「被告に過失がある」と主張すれば主要事実についての主張責任を果たすことになり、裁判所は「過失」を認定できることになるが、そうすると、例えば、当事者が専らよそ見運転を争点として争ったとしても、裁判所は証拠からスピードの出し過ぎを認定して判決の基礎にしてもよいことになってしまい（よそ見運転やスピードの出し過ぎといった過失を基礎付ける具体的事実は間接事実となる）、当事者にとって不意打ちとなる判決が出されるおそれが生じる。それでは、訴訟資料の収集・提出を当事者の権能とすることで不意打ちを防止する弁論主義の機能は果たされない。そこで、現在では、過失という法的評価を基礎付ける具体的事実を主要事実と捉えて、これについて主張責任[4]・証明責任を観念する見解が多い[5]。

---

　(4)　主張責任は弁論主義の下で観念され、自己に有利な主要事実の主張がない結果当該法規が適用されない不利益をいう。通説によれば、主張責任の分配は、証明責任の分配と一致する。

(2)　証明度と割合的認定

　裁判官がいかなる程度の心証を形成すれば証明がされたといえるかの問題を証明度という[6]。一般に、裁判官が法適用の前提となる事実の存在を認定するには、その事実の存在が真実であると確信しうる程度の「高度の蓋然性」が認められることが必要である（これに対して、近時は相当の蓋然性で足りるとする見解が有力に主張されている）[7]。この場合の確信とは、裁判官個人の主観的確信ではなく通常人を基準とする。そうすると、例えば、原告がある事実について証明責任を負っている場合、裁判所が当該事実についての原告と被告の主張を比べて、原告の主張の方がより説得的であると考えたとしても、原告が、当該事実の存在を確信が得られる程度までは証明できなかった場合には、当該事実の存在は認定されず、その結果、原告は勝訴判決を得ることができない。

　他方、和解や調停であれば、裁判所は心証割合に応じた金額の和解案を提示することができる。そこで、判決の場合も同様に考えようとする見解がある。この見解は、証明度に達しておらず通常であれば真偽不明として請求棄却になる場合に、証明責任による裁判を正面から回避し、裁判所の心証をそのまま事実認定に活かし、損害賠償額に反映させようとする（いわゆる割合的認定）。例えば、東京地判昭和 45・6・29 判時 615 号 38 頁[8]は、交通事故と後遺症の因果関係の認定において、「証拠上認容しうる範囲が 70 パーセントである場合に、これを 100 パーセントと擬制することが不当に被害者を有利にする反面、全部棄却することも不当に加害者を利得せしめるものであり、むしろ、この場合、損害額の 70 パーセントを認容することこそ、証拠上肯定しうる相当因果関係の判断に即応し、不法行為損害賠償の理念である公平な分担の精神に協い、事宜に適し、結論的に正義を実現し得る所以であると考える」として、請求を損

---

(5)　過失に当たる具体的事実を「準主要事実」や「重要な間接事実」として、これに弁論主義の適用があるという説明もされるが、具体的結論は大差ないと考えられる。主要事実と間接事実の区別については、高橋・重点講義(上) 423 頁以下。

(6)　ＮＢＳ 130 頁。

(7)　判例（最判昭和 50・10・24 民集 29 巻 9 号 1417 頁等）は高度の蓋然性を必要とする。これに対する近時の有力説として、伊藤 349 頁注 192）は、証明度を高度の蓋然性から相当の蓋然性に引き下げるべきことを提唱する。

(8)　高田昌宏「123 事件」民事訴訟法判例百選Ⅱ（1992 年）。

害額の70％の限度で認容する。これに対して、学説では、不法行為における損害の公平な分担という理念から実体法の解釈の1つとして割合的認定を認める見解[9]もあるが、訴訟法上は事実認定のあり方を大きく変更することには慎重になるべきであるとして、多数説はこれに否定的である[10]。

〔問題〕(1)では、裁判所は、Bの過失に当たる具体的事実の存在について6割程度の心証しか得ていないから、通説・判例によれば、当該事実の存在は真偽不明となる結果、Aは証明責任によって敗訴することになりそうである。これに対して、証明度について、高度の蓋然性ではなく相当の蓋然性（証拠の優越）で足りると考える近時の見解によれば、Aの請求は認容される可能性がある。また、過失についても割合的認定を認めるならば、設問では請求を損害額の6割の限度で認容することになろう。

3 〔問題〕(2)の検討——証明責任の転換

不法行為に基づく損害賠償請求訴訟において、相手方に過失を基礎付ける具体的事実があることの証明は、必ずしも容易ではない。それに加え、当該事実が真偽不明である場合には、証明責任により当該事実の存在は否定されてしまうから、被害者である原告の救済は図られない。しかし、被害者救済や当事者の公平の観点からすると、このような場合には、むしろ加害者である被告が証明責任を負うことにした方が望ましいともいえる。また、証明責任は実体法関係的に決まっており、証明手段を持っている者が証明責任を負うとは限らない。そこで、法政策的に当事者を救済する必要があるような場合や、当事者の実質的な武器平等という観点から原告の立証負担が過大であると考えられる場合を念頭に置いて、立証負担の軽減を図る方策がさまざまに検討されてきた。

〔問題〕(2)と〔問題〕(1)との違いは、Bの運転するのが、自転車か自動車かである。自動車事故による損害賠償請求に関しては、特別法である自動車損害賠償保障法（自賠法）によって証明責任の転換が図られている。同法3条は、

---

(9)　新堂606頁参照。
(10)　学説の状況について、高橋・重点講義(上)577頁以下。

「自己のために自動車を運行の用に供する者は、その運行によつて他人の生命又は身体を害したときは、これによつて生じた損害を賠償する責に任ずる。ただし、自己及び運転者が自動車の運行に関し注意を怠らなかつたこと、被害者又は運転者以外の第三者に故意又は過失があつたこと並びに自動車に構造上の欠陥又は機能の障害がなかつたことを証明したときは、この限りでない。」と規定する。これによれば、過失に当たる事実のなかつたことが権利障害事由となる。すなわち、「過失」の証明責任は加害者である被告側が負うことになるから、被害者である原告側が証明責任により敗訴することは大幅に減少する。このように、法律が通常の場合の証明責任の分配とは異なる定めをして、相手方に反対事実の証明責任を負担させることを証明責任の転換という。〔問題〕(2)では、自賠法3条により、〔問題〕(1)の場合とは逆に、Bが過失を基礎付ける具体的事実の不存在を証明できない限り、証明責任によりAが勝訴することになる。

4　〔問題〕(3)の検討——証明責任による判決の回避と立証負担の軽減

　〔問題〕は、自転車の事故であるため自賠法3条の適用はなく、ほかに証明責任の転換を定めた規定はない。とはいえ、自動車の場合と同様に被害者の救済を図る必要性があることは確かである。そこで、解釈論上、立証の困難に対応するための方策として主張されている表見証明ないし一応の推定が注目される。

　表見証明とは、ドイツの判例・学説で主張されている理論であり、定型的事象経過（「一般的な生活経験上これ以上詳細な説明を行わなくてもその存在を認められ、その定型的性格のゆえに個別事実の具体的事情を差し当たり度外視して差し支えない事象の推移」）[11] と呼ばれる高度の蓋然性ある経験則が働く場合に、細かい認定を飛び越して、いきなりある事実が認定されてよいことをいう。わが国

---

(11)　春日偉知郎「表見証明」判タ686号（1989年）46頁。例として、定められた場所に停泊していた船舶に他の船舶が衝突したという船舶衝突事故においては他の船舶の運行者の過失の表見証明が認められ、船舶運転者にどのような態様の過失があったかという具体的認定は不要であるとされる。

においては、判例上、証明軽減をはかるものとして古くから「一応の推定」と呼ばれるものが用いられているが、これは表見証明とほぼ同一に論じられる[12]。これらはいずれも、不法行為に基づく損害賠償請求訴訟において、一定の場合に、過失という法的評価を基礎付ける具体的事実の主張・立証がなくとも、裁判所が過失の要件事実の充足を認め、損害賠償請求権の発生を認めてもよいとする考え方である。過失の一応の推定は、原告が過失の証明責任を負い、被告が相当の注意を用いなかったことを推認させる間接事実を立証することに成功した場合には、被告は、反証として、相当の注意を用いたことを示す間接事実を立証しなくてはならないという構造を持つ[13]。

　過失の一応の推定が、裁判所の自由心証の枠内での事実上の推定なのか、証明度の軽減なのか、あるいは証明責任の転換なのかについては争いがあるが、多数説は事実上の推定の一場合であるとする[14]。過失の一応の推定が成立すると、相手方が、過失に当たる具体的事実の不存在について主張・立証の負担を負うことになるため、本来証明責任を負う当事者の主張・立証負担は軽減される[15]。これに対しては、立証負担を軽減するためには、過失などの抽象的要件事実に関して、評価の対象となる具体的事実を主要事実とするという前提を変更するのではなく、立証方法の充実を図るべきであり、また、主張の負担を軽減するためには要件事実の内容を検討すべきであるという批判がある[16]。

　過失の一応の推定が働くような事案では、判決において、過失と評価される

---

(12)　大判大正7・2・25民録24輯282頁は、「他人ノ所有山林ニ於恣ニ樹木ヲ伐採シタル場合ニ於テハ一応其伐採行為カ故意若クハ過失ニ出テタリトノ推定ヲ受クヘキカ故ニ然ラサルコトヲ主張スル伐採者ハ其事実ヲ証明スル責任アルモノトス」と判示する。また、最判昭和43・12・24民集22巻13号3428頁は、仮処分を執行したが、その後仮処分が取り消された場合、仮処分申請者の過失が一応推認されるとする。もっとも、ドイツの表見証明では、「何らかの過失」の主張で足りるが、日本の実務では、必ず特定の過失事実を主張させるようである（研究会「証明責任論の現状と課題」判タ679号〔1988年〕73頁〔並木茂発言〕）。

(13)　中西正「過失の一応の推定」『鈴木正裕先生古稀祝賀・民事訴訟法の史的展開』（有斐閣、2002年）590頁。

(14)　学説については、中西・前掲注(13)581頁以下参照。

(15)　中野貞一郎『過失の推認』（弘文堂、1978年）16頁等。表見証明については、立証困難の法的評価、適用実体法の規範目的、相手方の行為に対する非難可能性ないし懲罰性といった実体的要素が考慮されているという指摘がある（高橋・重点講義(上)566頁）。

(16)　伊藤387頁。

具体的事実の概括的または選択的な認定も認められる。選択的認定は、過失の概括的認定の中心に位置付けられ、「裁判所が、甲事実又は乙事実のいずれかが存在した又は双方の事実とも存在したという心証を抱きながら、そのいずれの事実が存在したかについても双方の事実とも存在したかについても心証を得ることができない場合において、そのいずれの事実が存在したか又は双方の事実とも存在したかということを確定しないまま、甲事実又は乙事実が存在したとするという方式で行われる事実認定」をいう[17]。判例は、最判昭和 32・5・10 民集 11 巻 5 号 715 頁（注射により皮下腫瘍が生じたという医療過誤事件において、原告が医者の過失の内容として注射器の消毒不完全を主張したところ、原審が注射液の不良かまたは注射器の消毒不完全の過誤があったと認定したため、注射液の不良は当事者の主張していない事実だとして上告されたが、最高裁は、「注射液の不良、注射器の消毒不完全はともに診療行為の過失となすに足るものであるから、そのいずれかの過失であると推断しても、過失の認定事実として、不明又は未確定というべきではない」とする）[18]、および、最判昭和 39・7・28 民集 18 巻 6 号 1241 頁（原告が麻酔注射により脊髄硬膜外腫瘍が生じ後遺症が残ったと主張し、被告医師の過失が問題になった事案において、「注射器具、施術者の手指、あるいは患者の注射部位の消毒不完全（消毒後の汚染を含めて）……これらの消毒の不完全は、いずれも、診療行為である麻酔注射にさいしての過失とするに足りるものであり、かつ、医師の診療行為としての特殊性にかんがみれば、具体的にそのいずれの消毒が不完全であったかを確定しなくても、過失の認定事実として不完全とはいえないと解すべきである」とする）において、概括的・選択的認定を認めているとされる[19]。概括的・選択的認定は、あいまいな事実認定を容認することにつながりうるから、一般論としてはこのような事実認定を認めるべきではない[20]。

---

(17)　伊藤滋夫『事実認定の基礎』（有斐閣、1996 年）224 頁。

(18)　高橋・重点講義(上) 438 頁は、この判例は、旧通説に従って、過失を主要事実とし、注射器の消毒不完全と注射液の不良を間接事実と見たために、間接事実については当事者からの主張を要しないとしたものとする。三木浩一「規範的要件をめぐる民事訴訟法上の諸問題」石川明＝三木浩一編『民事手続法の現代的機能』（信山社、2014 年）13 頁は、過失を根拠付ける主要事実として、注射液の不良または注射器の消毒不完全という具体的事実の上位概念である何らかの過失行為の選択が許されていると説明する。

(19)　春日偉知郎・百選 126 頁。

(20)　新堂幸司・民事訴訟法判例百選〔第 3 版〕（2003 年）140 頁。

しかし、これらの判例の事案における具体的な事実経過の下では、注射に際して医師に過失があった（注射をする医師としてなすべき注意義務を怠っていた）という法的評価を可能にする経験則の存在を認めることができ、また、実質的に見て、医師の診療行為が専門的・技術的なものであり、原告の立証上の負担の軽減を図る必要性が高いと考えられるため[21]、学説はこれらの判例に肯定的な評価をしている。

　道路の端の安全な部分に立ち止まっていたAがBに追突されたという〔問題〕の具体的事実経過の下では、Bに何らかの過失（と評価される具体的事実）があったということが高度の蓋然性を持った経験則によって認められる。一応の推定の対象となるのは、過失という法的評価そのものであると考えられる[22]。過失の一応の推定が認められるとすれば、裁判所は、過失と評価される個々の具体的事実がはっきりしなくても、Bの過失を認定して損害賠償請求権の発生を認めてもよいことになり、Bの自転車の運転に際しての過失を基礎付ける事実について、「前方不注意」または「スピードの出し過ぎ」という選択的な認定をしてもよいことになろう。この場合、過失の存在を争うBは、過失評価を妨げる事実（定型的事象経過をたどらなかった可能性を根拠付ける事実）を主張・立証することになるから、一応の推定は過失の証明責任が転換されたのと同様の機能を果たすことになる。

5　〔問題〕(4)の検討——債務不存在確認請求における証明責任の分配

　債務不存在確認請求訴訟においては、債務者が原告、債権者が被告となる。しかし、証明責任の分配は、原告・被告という訴訟法的関係ではなく、債権者・債務者という形で実体法関係的に決まるから、債権者である被告が債権の存在について証明責任を負う[23]。原告である債務者は、どのような債務が不

---

(21)　春日・前掲注(19)127頁。伊藤・前掲注(17)238頁以下は、このような概括的認定が許容されるのは、①事実認定の正確性、②法適用の正当性、③当事者双方の攻撃防御の適正迅速、④当事者および第三者の納得の確保が保障されている場合に限られるとする。
(22)　町村泰貴・百選129頁。
(23)　高橋・重点講義(上)523頁。

存在であるかを主張しなければならないが、これは訴訟物の特定であり、証明責任とは別の問題である。

〔問題〕では、債権の発生を基礎付ける過失（と評価される具体的事実）の存在について債権者であるＡが証明責任を負う。そのため、裁判所は、過失を基礎付ける具体的事実の存否が不明である場合には、過失の存在を認定することはできず、Ｂの請求を認容することになる。このように、被告である債権者（被害者）は、原告の訴えの提起によって債権発生事実の主張・立証を強いられ、給付訴訟の原告と同様の訴訟追行をすることになるため、債務不存在確認訴訟には提訴強制的機能や先制攻撃的性格があるといわれている[24]。

〔関連問題〕

（1）甲土地をＸから賃借していたＹは、Ｘの承諾なく甲土地をＡに転貸した。Ｘは無断転貸を理由として甲土地の賃貸借契約を解除し、Ｙに対して甲土地の明渡しを求める訴訟を提起した。Ｙは、「Ｘの承諾なく転貸したとしても、この行為が賃貸人に対する背信行為と認めるに足りない特段の事情があるときは、賃貸人は民法612条2項による解除権を行使し得ない。Ｘは、無断転貸の背信行為性をさらに主張立証しなければ解除できない」と主張したが、Ｘ・Ｙとも、特段の事情の具体的内容については何ら主張・立証しなかった。この点以外の請求原因事実はすべて認められる場合、裁判所はどのような判決をすることになるか。

（2）〔問題〕において、Ａは、Ｂの過失を基礎付ける具体的事実として、「Ｂがよそ見していた」と主張し、Ｂは、この事実につき否認する一方で、「スピードを出し過ぎたかもしれない」と主張したとする。裁判所は「よそ見」または「スピードの出し過ぎ」のいずれかが事故の原因であるという結論に至ったが、どちらの原因かを特定することはできなかった。〔問題〕(1)で検討したその他の点の主張立証は十分であったとして、裁判所は、さらに証拠調べをすることなく、Ａの請求を認容することはできるか。

（24）提訴強制的機能の観点から、債務不存在確認の訴えの確認の利益を厳格に要求することが考えられる。坂田宏『民事訴訟における処分権主義』（有斐閣、2001年）84頁参照。また、東京高判平成4・7・29判時1433号56頁参照。

※ (2)において、BはAの主張する請求を理由付ける事実を争いながら、同時にその請求を基礎付ける結果となる別の事実を主張している。両当事者の主張について実体的な結論が等価値である場合には、いずれの主張によっても請求には理由があるとして、証拠調べを経ることなく請求認容判決をすることができるかどうかが問題となる。これは、「等価値陳述の理論」とよばれ、見解が分かれている。中野ほか編 320 頁注 13 等参照。

第9章
法人でない団体の当事者能力・訴訟追行権と判決効

鶴田　滋

〔問題〕

　X自治会は、F市S区M団地に居住する住民により、その福祉のための諸般の事業を営むことを目的として結成された団体であり、区長（自治会の代表権を有する）、副区長、班長等役員の選出、役員会および自治会総会の運営（その議決は多数決による）、財産の管理、事業の内容等につき規約を有し、これに基づいて存続・活動しているが、法人格は取得していない。X自治会は、F市所有の土地を賃借し、その土地上に自治会館として建物を建設した。しかし、Xは法人格を有しないため、便宜上、Xの結成時から区長をしているYが、その建物の所有者として、所有権保存登記を行った。その数年後、自治会総会により新たにAが選出された。そこで、Aは、Yに対して、X自治会の代表者が本件建物の所有名義人となるべきであると主張し、本件建物の所有権移転登記手続を求めたが、Yはこれに応じなかった。

　⑴　Xが原告となり、Yを被告として、本件建物所有権のAへの移転登記手続を求める訴えを提起した場合、Xは当事者能力および訴訟追行権（当事者適格）を有するか。

　⑵　⑴の訴えにおいて、Xの請求を棄却する判決が言い渡され、それが確定

した後、Aが原告となり、Yを被告として、本件建物所有権のAへの移転登記
手続を求める訴えを提起した。この場合に、Aはこの訴訟の訴訟追行権を有す
るか。また、この訴訟に、(1)の訴えに対する判決の既判力は及ぶか。

1　問題の所在

　民事訴訟においては、原則として私法上の権利主体間の訴訟を取り扱うため、
権利能力を有する自然人または法人が当事者能力を有するのが原則である（28
条）[1]。しかし、現実には、権利能力のないもの、とりわけ法人でない団体（こ
れには、人の集合体である社団と、財産の集合体である財団が含まれる）が、その
名において何らかの私法上の行為をすることはあるし、そのことにより紛争が
生じることもありうる。このような場合に、法人でない団体も、民事訴訟にお
いてその名において訴えまたは訴えられることができるように、29条は、一
定の場合に、法人でない団体にも当事者能力を付与している。しかし、この規
定が存在することにより、どのような場合に法人でない団体に当事者能力が認
められるのか、また、これが認められる場合に当該団体はどのような請求につ
いてどのような資格で訴訟追行権（当事者適格）を得るのか、さらに、当該団
体が訴訟追行した結果生じる確定判決の効力は誰に及ぶのか（当該団体に限ら
れるのか、団体の構成員全員にも拡張されるのか）といった様々な問題が生じる。
本章では、これらの問題についての解説をする。

2　法人でない社団の当事者能力

　〔問題〕では、X自治会は、M団地に居住する住民により構成されているた
め、財団ではなく社団に当たるが、法人格を取得していないので権利能力を有
していない。したがって、Xは28条に基づいて当事者能力を得ることはでき
ない。そこで、29条により、「法人でない社団」として当事者能力を得ること
ができるかどうかが検討されなければならない。

---

　29 条には「法人でない社団……で代表者……の定めがあるもの」に当事者
能力があるとだけ記されており、この規定の文言だけでは、具体的にどのよう
な要件を満たせば、法人でない社団に当事者能力が認められるのかはわからな
い。この点について判例は、次の場合に法人でない社団に当たり（最判昭和
39・10・15 民集 18 巻 8 号 1671 頁）、かつ、その社団には 29 条に基づいて当事
者能力が付与されるとする[2]。

　「法人格を有しない社団すなわち権利能力のない社団については、民訴四六条（現
行法 29 条）がこれについて規定するほか実定法上何ら明文がないけれども、権利能
力のない社団といいうるためには、団体としての組織をそなえ、そこには多数決の
原則が行なわれ、構成員の変更にもかかわらず団体そのものが存続し、しかしてそ
の組織によつて代表の方法、総会の運営、財産の管理その他団体としての主要な点
が確定しているものでなければならないのである。」

　この判例は、学説により、団体としての組織性、財産的独立性、対内的独立
性、および、対外的独立性の 4 要件に分類され、これらの 4 つの要件を満たす
ものが法人でない社団に当たり、それゆえ当事者能力を有すると整理されるに
至っている[3]。〔問題〕では、第 1 に、X の代表権を有する区長、副区長、班
長等役員の選出、役員会および自治会総会の運営についての意思決定方式が多
数決によることが確立しているため、団体としての組織性を有している。第 2
に、X の財産の管理について規約を有しこれに基づいて活動しているため、財
産的独立性を有する。第 3 に、X は、M 団地に居住する住民により、その福祉
のための諸般の事業を営むことを目的として結成された団体であり、かつ、そ
の事業は規約に基づき運営されているため、その構成員の変動に影響されずに
団体が存続していると考えられる。それゆえ、X は対内的独立性を有する。第
4 に、区長という X の代表者が定められているため、対外的独立性を有する。
以上から、X は、民法学において言われる「権利能力なき社団」に該当し、そ

（2）　この点については、最判昭和 42・10・19 民集 21 巻 8 号 2078 頁も参照。
（3）　ＮＢＳ 49 頁。

れゆえ、29条の「法人でない社団」に当たり、当事者能力を有することとなろう。

3 法人でない社団の権利義務帰属主体と訴訟追行権 (当事者適格)

〔問題〕におけるXが当事者能力を有することとなっても、Xはあくまで権利能力なき社団であるから、権利能力者ではないこととなる。この点について、前述の判例は、引用した部分に続けて次のように述べる。

「しかして、このような権利能力のない社団の資産は構成員に総有的に帰属する。そして権利能力のない社団は『権利能力のない』社団でありながら、その代表者によつてその社団の名において構成員全体のため権利を取得し、義務を負担するのであるが、社団の名において行なわれるのは、一々すべての構成員の氏名を列挙することの煩を避けるために外ならない（従つて登記の場合、権利者自体の名を登記することを要し、権利能力なき社団においては、その実質的権利者たる構成員全部の名を登記できない結果として、その代表者名義をもつて不動産登記簿に登記するよりほかに方法がないのである。）。」

この判例を前提とすると、当事者能力を得たXは、自らに帰属する権利義務が存在しないこととなる。あくまで、Xの代表者の行為により、Xの名において、Xの構成員全員に総有する権利を取得し、義務を負担するにすぎない。さらにやっかいなことに、登記実務上、X名義で登記できず、Xの代表者A（またはXの構成員による共有）の名義でしか登記できないとされている。このことから、〔問題〕(1)のように、Xが、自己の名においてYに対する登記請求権を主張したとしても、これはXの構成員全員に帰属するYに対する登記請求権を主張しているのであり、しかも、Yに対して、Xの代表者Aの所有名義とする所有権移転登記手続を求めていることになる。

ところで、訴訟追行権（当事者適格）とは、具体的な請求について当事者として自己または他人の権利義務について訴訟を追行する資格をいい、訴訟追行権は、係争権利関係の主体であると原告が主張する者および原告により主張さ

れる者に与えられるのが原則である[4]。この原則によると、Xに帰属する権利
義務を観念できない以上、Xは自らに権利が帰属すると主張して当該訴訟の訴
訟追行権を得ることはできないこととなろう。それでは、〔問題〕(1)において
Xが主張したYのAへの所有権移転登記請求権について、Xは訴訟追行権を有
しないのであろうか。この点について、近時の判例（最判平成26・2・27民集
68巻2号192頁）は、次のように判示した。

「訴訟における当事者適格は、特定の訴訟物について、誰が当事者として訴訟を追
行し、また、誰に対して本案判決をするのが紛争の解決のために必要で有意義であ
るかという観点から決せられるべき事柄である。そして、実体的には権利能力のな
い社団の構成員全員に総有的に帰属する不動産については、実質的には当該社団が
有しているとみるのが事の実態に即していることに鑑みると、当該社団が当事者と
して当該不動産の登記に関する訴訟を追行し、本案判決を受けることを認めるのが、
簡明であり、かつ、関係者の意識にも合致していると考えられる。……そうすると、
権利能力のない社団は、構成員全員に総有的に帰属する不動産について、その所有
権の登記名義人に対し、当該社団の代表者の個人名義に所有権移転登記手続をする
ことを求める訴訟の原告適格を有すると解するのが相当である。」

この判例については、次の2通りの評価が可能である。1つは、XはXの構
成員全員の登記請求権について訴訟担当者として訴訟追行していると捉える考
え方である（これは「訴訟担当構成」と呼ばれることが多い）。これは近時の有力
説であり、現在これが支配的になりつつある[5]。この見解の長所は、あくまで
権利能力なき社団には権利能力はなく、それに帰属する権利を構成員が総有す
るとの判例の立場と整合することと、115条1項2号により、Xに対する確定
判決の効力がXの構成員全員に拡張され、その結果、例えばXの請求棄却判決

----

(4)　NBS 52頁以下。
(5)　たとえば、伊藤128頁。その他の文献は、後掲注 (6) を参照。この見解が有力化したきっ
　　かけは、「村落住民が入会団体を形成し、それが権利能力のない社団に当たる場合には、当該入
　　会団体は、構成員全員の総有に属する不動産につき、これを争う者を被告とする総有権確認請求
　　訴訟を追行する原告適格を有する」と判示した最判平成6・5・31民集48巻4号1065頁が登場
　　したことにある。

の確定後に、Xの構成員全員が同一訴訟物の再訴を提起した場合にこれを既判力により遮断することができることを容易に説明できることにある。しかし、どのような理由でXがXの構成員の訴訟担当者となるのか（法定訴訟担当か任意的訴訟担当か、さらにその根拠）について、それぞれの学説により説明が区々である[6]。また、第三者の訴訟担当は、典型的には、破産管財人と破産者のように、第三者と権利帰属主体という異なる主体が存在することを前提に、第三者が自己の権限に基づいて権利帰属主体の権利について訴訟追行する場面を想定しているのに、XとXの構成員は実質的に同一である場面を第三者の訴訟担当により説明するのは、その制度趣旨になじまないのではないだろうか[7]。

　もう１つの考え方は、Xが当事者能力を有する場合には、Xは当該事件限りで権利能力を有するとするものである（これは「固有適格構成」と呼ばれることが多い）。これは伝統的な通説である[8]。この見解の長所は、Xに当事者能力が付与されることにより生じる、訴訟当事者とそれにより主張される権利の主体との齟齬が解消される点にある。もっとも、この長所については、前述の権利能力なき社団の権利帰属主体に関する判例の立場と整合性がとれないと批判されている。しかし、伝統的見解のいう「事件限りでの権利能力」は、あくま

---

(6)　29条は当事者能力だけでなく当事者適格をも規律する規定であると解釈し、この規定を根拠に法定訴訟担当であるとする見解（上野桊男・民事訴訟法判例百選〔第３版〕〔2003年〕32頁、坂田宏「当事者能力に関する一考察」法学68巻1号〔2004年〕15頁、山本克己・法教305号〔2006年〕111頁）、判例により法形成された「解釈による法定訴訟担当」であるとする見解（高橋・重点講義(上)190頁注12。ただし、高橋・概論9頁は固有適格説に立つ）、社団の設立の際に、構成員全員が代表者に対して訴訟追行の包括的授権があった、または、各訴訟の際に個別的な授権があったとして任意的訴訟担当を認める考え方（福永有利「権利能力なき社団の当事者能力と当事者適格」同『民事訴訟当事者論』〔有斐閣、2004年〕512頁〔初出1994年〕がありうる考え方として提示する）などが対立する。

(7)　松原弘信教授の学説史研究によれば、ドイツにおいて実質的当事者概念が衰退し、第三者の訴訟担当概念が用いられるようになったのは、1877年のドイツ民事訴訟法（ＣＰＯ）が、係争権利関係の主体でない者の訴訟追行を承認したことにあるが、これは、①訴訟能力のない妻の財産について夫が訴訟追行する場合のように、係争権利関係の主体でない者が、他人の権利について、その権利の上にある物権ないしそれに準じる権利に基づいて訴訟追行する場合や、②破産管財人等の財産管理人のように、法律や行政官庁により第三者に与えられた職務上の地位に基づいて権利者である他人の権利について訴訟追行する場合などを念頭に置いていた。松原弘信「民事訴訟法における当事者概念の成立とその展開(2)」熊法52号（1987年）35頁以下。ただし、この点についてありうる反論として、後掲注（12）を参照。

(8)　代表的なものとして、兼子・新修111頁。

で比喩的な表現であり、Xが権利能力なき社団として当事者能力を有した場合には、実際にはXの構成員全員の総有に属する権利を主張した場合にも、Xが自身の権利を主張したとみなし、それを理由にXに訴訟追行権を付与することを説明するために用いられた表現であると考えるべきである。そもそも、前述の昭和39年の判例によれば、構成員全員に総有する権利を取得し、義務を負担する行為が、「社団の名において行なわれるのは、一々すべての構成員の氏名を列挙することの煩を避けるために外ならない」のであるから、民事訴訟においても、構成員の変動によってもその同一性を維持できる、すなわち、対内的独立性を有する社団が、その構成員全員の名を列挙することなく、社団の名で訴えまたは訴えられるようにするために、法人格のない社団に当事者能力が付与されたにすぎないと考えるべきである[9]。伝統的見解をこのように理解すれば前述の批判は免れるであろう。その他、伝統的見解に従うと、Xの構成員に確定判決の効力が及ばないとの批判もあるが、これについても、近時、複数の学説が述べるように、115条1項1号または2号の適用・類推適用により、Xの構成員に判決効を拡張させ、Xの構成員全員による再訴を禁じることは可能である[10]。

　前述の平成26年の判例は、前述の通り、「実体的には権利能力のない社団の構成員全員に総有的に帰属する不動産については、実質的には当該社団が有しているとみるのが事の実態に即している」と述べていることからすれば、伝統的な見解に従ったとも読める[11]。もっとも、この判例は近時の有力説に従っ

---

(9)　仮に、法人でない社団に当事者能力および当事者適格を認めないとすれば、構成員全員が原告とならなければ訴えを却下される固有必要的共同訴訟となり、多くの不都合を生じさせる。なお、社団名をその構成員全員の略称と捉えることについて、名津井吉裕「法人でない社団の受けた判決の効力」『松本博之先生古稀祝賀論文集・民事手続法制の展開と手続原則』（弘文堂、2016年）591頁、598頁も参照。その他、畑瑞穂「法人でない社団等の『事件限りの権利能力』についての覚書」加藤新太郎先生古稀祝賀論文集『民事裁判の法理と実践』（弘文堂、2020年）111頁以下。

(10)　「形式的当事者と同視できる実質的当事者に該当する」として115条1項1号の適用を主張する見解として、松原弘信「法人でない社団の当事者適格における固有適格構成の理論的基礎」『高橋宏志先生古稀祝賀論文集・民事訴訟法の理論』（有斐閣、2018年）421頁、115条1項2号の類推適用を主張する見解として、名津井・前掲注(9)601頁。115条1項2号の適用を主張するものとして、中本香織「権利能力なき社団の不動産に関する訴訟における社団の当事者適格と判決の効力」早法92巻1号（2016年）173頁、235頁。

たものであるとも解釈は可能であるため、この判決により判例がどちらの立場によることとなったかどうかを断じることはできないとの評価もある[12]。しかし、この判決の調査官解説も述べるように、Xがその構成員の訴訟担当者であると解釈することには多くの問題があり[13]、伝統的な通説をさらに精緻化する必要があると考える。

4　法人格のない社団の代表者による登記請求との関係

ところで、前述の平成26年の判例が登場するまでは、法人格のない社団であるXが訴訟当事者となってYに対する登記請求の訴えを提起することはできなかったわけであるが、かといって、それまでに、X側がYに対してXの代表者Aへの登記請求をする方法がなかったわけではない。最判昭和47・6・2民集26巻5号957頁は、〔問題〕(2)と同様の事案において、Xの代表者Aが原告となり、Yを被告として、Aへの所有権移転登記請求の訴えを次の理由から認めている。

「権利能力なき社団の構成員全員の総有に属する社団の資産たる不動産については、従来から、その公示方法として、本件のように社団の代表者個人の名義で所有権の登記をすることが行なわれているのである。これは、不動産登記法が社団自身を当事者とする登記を許さないこと、社団構成員全員の名において登記をすることは、

---

(11)　本判決の調査官解説である、武藤貴明「判例解説」最判解平成26年度114頁は、「社団と構成員とを隔絶した存在ではなく、不即不離ないし表裏一体の存在とみた上で、構成員の財産は社団の財産でもあるという理解に立って、社団固有の事件として原告適格を認めたと考えることもできるのではないか」と述べる。川嶋四郎「判例批評」リマークス50号（2015年）113頁も同旨。

(12)　この点について、青木哲「判例批評」金法2043号（2016年）41頁は、「『実質的には社団が有している』ことの具体的内容は、当該不動産が社団財産に属すること、社団財産が社団債務の引当てとなる責任財産としての一体性を有し、社団財産に属する財産について社団に管理処分権が認められ、原則として社団の意思決定により処分がなされることであり、社団財産についての管理処分権により社団の当事者適格を基礎付ける訴訟担当構成とも整合的である」と述べたうえで、さらに、42頁では、本判決は、訴訟担当構成（近時の有力説）、固有適格構成（伝統的な通説）のいずれを採用したかは明らかでないと述べる。

(13)　武藤・前掲注(11) 114頁以下。

構成員の変動が予想される場合に常時真実の権利関係を公示することが困難である
ことなどの事情に由来するわけであるが、本来、社団構成員の総有に属する不動産は、
右構成員全員のために信託的に社団代表者個人の所有とされるものであるから、代
表者は、右の趣旨における受託者たるの地位において右不動産につき自己の名義を
もつて登記をすることができるものと解すべきであ」る。

　この判例によれば、法人でない社団Xの構成員全員に総有して帰属する不動
産を、その代表者Aが信託的に譲り受けることができ、その結果、Aはこの所
有権に基づく登記請求権を自己の権利であると主張して訴えを提起することが
できる。したがって、この場合、自らが訴訟物となっている給付請求権の主体
であると主張する者に原告としての訴訟追行権（原告適格）が帰属するという
訴訟追行権（当事者適格）の一般原則により、Aはこの訴訟における原告適格
を有することになる。しかし、このような理解によれば、この訴訟においてA
が主張している権利は、AのYに対する登記請求権となる。これは、前述の平
成26年の判例においては、Xの構成員全員に総有して帰属するYに対する登
記請求権をXが主張しうるので、昭和47年の判例と平成26年の判例では、原
告により特定される訴訟物が異なる。しかも、平成26年の判例は、「権利能力
のない社団の構成員全員に総有的に帰属する不動産については、当該社団の代
表者が自己の個人名義に所有権移転登記手続をすることを求める訴訟を提起す
ることが認められているが……、このような訴訟が許容されるからといって、
当該社団自身が原告となって訴訟を追行することを認める実益がないとはいえ
ない」、と述べる以上、この判例の登場によっても、昭和47年の判例が示した
権利保護の方法は否定されていない。そうであるならば、〔問題〕(2)のように、
XがXの構成員全員に総有して帰属する所有権に基づく請求権を主張して提起
した訴えが、請求棄却判決により確定した後に、Aが（Xの構成員全員から信
託的に譲り受けた）Aの所有権に基づく請求権を主張して訴えを提起した場合、
Xの受けた請求棄却の確定判決の効力がAに拡張されるか否かを論じるまでも
なく、そもそも両者の訴訟物が異なることから、前訴確定判決の既判力は後訴
に作用しないのではないだろうか。これは、明らかに実質的に同一の紛争の蒸
し返しを認めることとなる。この問題についてどのように考えるべきか。

　ここでも、「AがXの構成員全員から不動産を信託的に譲り受けた」という表現も、AがYに対して登記請求権を有することを説明するための比喩的な表現であると捉えるべきであろう[14]。したがって、〔問題〕(2)の後訴においてAが主張したYに対する登記請求権は、実質的には、前訴においてXが主張した、Xの構成員全員に総有して帰属するYに対する登記請求権と同一である。そして、現在主張されている前述のいずれの学説（近時の有力説および伝統的な通説）に従っても、前訴においてXが受けた請求棄却の確定判決は、その構成員の1人であるAに拡張されるので（訴訟担当構成の場合には115条1項2号により、固有適格構成によっても115条1項1号の適用または2号の適用・類推適用により）、Aが、Xの前訴において主張された権利と実質的に同一の権利を主張した場合には、これは前訴確定判決の既判力により遮断されると解すべきである。もっとも、この点について判例は自らの見解を述べておらず、これは今後学説によりさらに詳細に解明されるべき課題である。

〔関連問題〕

　(1)　Xは、A、B、および、Cのゼネコン3社により構成される民法上の組合である。Xの組合規約にはAを代表者とするとの記載がある。Xは、Yを被告として、あるビルの建築請負契約に基づく代金の支払いを求める訴えを提起した。この場合、Xに当事者能力は認められるか。また、仮に認められるとすれば、それはどのような事情がある場合か。

　(2)　(1)において、Xに当事者能力が認められたが、Xの請求を棄却する判決が言い渡され、これが確定した。その後、X組合の規約上、Xの財産について管理処分権を有する業務執行組合員でもあるAが自己の名で、Yを被告として、当該ビルの建築請負契約に基づく代金の支払いを求める訴えを提起した。この場合、Aに訴訟追行権（当事者適格）はあるか。また、(1)におけるXに対する

（14）　昭和47年の判例の調査官解説によれば、「元来、登記請求権は、登記上の権利の名義人となるべき者あるいは現に登記上の名義人となってその不動産権利主体と表示されている者が原告となり、被告となるべく、登記請求権はその間に生ずるものと解すべき」であると述べられているが（吉井直昭「判例解説」最判解昭和47年度626頁）、この準則に適合させるために、信託法理が準用されたと解することができる。文脈は異なるが、この点についての詳細は、青木・前掲注(12)37頁以下を参照。

確定判決の効力はＡに及ぶか。

※　①民法上の組合の当事者能力、②民法上の組合の業務執行組合員による任意的訴訟担当の許容性、および、③(1)と(2)の訴えが適法である場合の既判力拡張についての問題である。①については、最判昭和37・12・18民集16巻12号2422頁、名津井吉裕・民事訴訟法判例百選〔第4版〕（2010年）25頁、名津井吉裕「民法上の組合の当事者能力について」『谷口安平先生古稀祝賀・現代民事司法の諸相』（成文堂、2005年）77頁を参照。②については、最大判昭和45・11・11民集24巻12号1854頁を参照。

第 10 章
民法改正と債権者代位訴訟

鶴田　滋

〔問題〕

　Yに対して 1000 万円の貸金債権を有しているXは、Yに対して同貸金債権を取り立てようとしているが、Yの責任財産にはYのZに対する 1000 万円の売掛債権しかめぼしいものがないにもかかわらず、YはZに対して、同売掛債権を取り立てようとしない。そこで、Xは、Zを被告として、債権者代位権に基づいて（民 423 条）、Xへの 1000 万円の支払いを求める訴えを提起した。

　⑴　改正民法 423 条の 6 により、Xは、Zに対する訴えを提起したときは、遅滞なく、Yに対し訴訟告知をしなければならないとされたのはなぜか。また、XがYに対する訴訟告知を怠った場合の効果について説明しなさい。

　⑵　XのZに対する訴訟の係属中、YがZを被告とする 1000 万円の売掛債権の支払いを求める別訴を提起した場合、どのように取り扱われるか。

　⑶　Yが、XのYに対する被保全債権の存在を争わない場合、ＸＹ間の係属中の訴訟に、どのような方法で訴訟参加することができるか。

　⑷　Yが、XのYに対する被保全債権の存在を争う場合、ＸＹ間の係属中の訴訟に、どのような方法で訴訟参加することができるか。

1 問題の所在

債権者代位権に関する民法の規定が、大幅に変更された。このことから、改正民法下での債権者代位訴訟をめぐり多くの問題が生じうることが、既に指摘されている。本章では、上記の事例問題を用いながら、問題点を指摘し、今後の議論の展開を見通すこととする。

2 改正前民法下における解釈論

訴訟追行権（当事者適格）の一般原則によれば、訴訟物たる実体法上の権利義務の帰属主体以外の者は、当該訴訟物について訴訟を追行する権能を有せず、その者のまたはその者に対する訴えは、不適法として却下される。しかし、例外的に、訴訟追行権が実体法上の権利義務の帰属主体以外の者にも付与される場合がある。これは、第三者の訴訟担当と呼ばれ、法定訴訟担当と任意的訴訟担当に区別される。前者は、法律の規定により第三者に他人の権利義務につき訴訟追行権が与えられる場合であり、後者は、他人の権利義務について訴訟を追行する第三者の訴訟追行権が、権利義務の帰属者の授権により授与される場合である。

このうち、本章の考察対象である債権者代位訴訟、すなわち、債権者が債権者代位権に基づいて債務者の権利を代位行使する場合は、債権者は、民法423条に基づいて、債務者から訴訟追行の授権を受けることなく、債務者の第三者に対する権利について訴訟追行権を得るため、法定訴訟担当に分類される。

ところで、債権者が第三債務者を被告とする債権者代位訴訟を提起した場合、改正前民法下における判例および通説によれば、「債権者が適法に代位権行使に着手した場合において、債務者に対しその事実を通知するかまたは債務者がこれを了知したときは、債務者は代位の目的となつた権利につき債権者の代位権行使を妨げるような処分をする権能を失い、したがつて、右処分行為と目される訴を提起することができなくなる」とされていた（最判昭和48・4・24民集27巻3号596頁）。このことから、債権者は、債務者の財産についての管理

処分権を取得するため、債務者の訴訟担当者として、債務者の第三債務者に対する債権を訴訟上主張することができ、さらに、債権者と第三債務者間の訴訟の判決の効力は、債務者の有利にも不利にも拡張されると説明されていた（115条1項2号）。

　しかしそれでは、債務者は、債権者代位訴訟に関与する機会もなく、自己に不利な請求棄却判決の既判力を受けることになる。通説は、この場合にも、債務者が債権者に対して事後的な損害賠償請求をすれば足りるとするが、それでは債務者に対する救済は不十分であると批判された。そこで、債権者が債権者代位訴訟の係属中に債務者に訴訟告知その他の訴訟係属の通知をしない限り、債権者代位訴訟の判決効は債務者の不利には拡張されない、あるいは、第三債務者は債権者代位訴訟についての応訴を拒絶することができる、とする解釈論が主張された[1]。

3　改正民法における重要な改正点

　そこで、改正民法423条の6は、「債権者は、被代位権利の行使に係る訴えを提起したときは、遅滞なく、債務者に対し、訴訟告知をしなければならない。」とされ、債権者代位訴訟における債務者への手続保障が強化されることとなった。ところが、同423条の5において、「債権者が被代位権利を行使した場合であっても、債務者は、被代位権利について、自ら取立てその他の処分をすることを妨げられない。」とされた。このため、債権者が債務者の訴訟担当者として訴訟追行すると説明していた従来の判例および通説のよりどころが失われてしまった。そこで、債権者は、訴訟担当者として訴訟追行権を得ることができるのか、仮に訴訟追行権を得たとしても、その訴訟の確定判決の効力が債務者に不利に拡張することが許されるのかという問題が、改正民法下においては新たに引き起こされることとなった。

---

(1)　以上について、ＮＢＳ56頁以下を参照。民法改正前における訴訟法上の議論を概観できる文献として、渡部美由紀「既判力の主観的範囲(2)——訴訟担当における判決効」争点234頁。

4 法定訴訟担当と訴訟告知による債務者への既判力拡張の正当化

(1) 代位債権者の法定訴訟担当資格

このように、改正民法 423 条の 5 によれば、債権者代位訴訟において、債権者は、債務者からその権利について管理処分権を剥奪しないまま、訴訟追行権を得ることが承認されたことになる。このことから、債権者はいわゆる「固有適格者」として訴訟追行権を得ると説明する見解が存在するが[2]、改正民法によっても、債権者は法定訴訟担当者として訴訟追行権を有すると解するべきであろう。代位債権者に対する被代位債権の管理処分権の付与は、代位債権者が法定訴訟担当者として訴訟追行権を有することの必要条件ではあるが、債務者自身の管理処分権剥奪は必要条件ではないからである[3]。

このような状況は、会社役員の責任追及訴訟（いわゆる株主代表訴訟。会社847 条）に類似している。株主は、法定の手続を経て、会社の取締役に対する損害賠償請求権についての訴訟追行権を得るが、その結果により、会社は、自らの権利の管理処分権や訴訟追行権を剥奪されることはなく、むしろ、会社は、重複起訴の禁止の規定により、同一訴訟物の別訴を提起することは許されないものの、共同訴訟参加（52 条）により、会社自らへの賠償を求める請求を定立することが許されている。したがって、改正民法下における債権者代位訴訟の債権者は、株主代表訴訟における株主と同様に、法定訴訟担当の地位を得ると考えてよい。

(2) 訴訟告知と債務者への既判力拡張

債権者代位訴訟における債権者が債務者の法定訴訟担当であるとすると、債権者が原告として訴訟追行した訴訟の確定判決の効力は、債務者に拡張される（115 条 1 項 2 号）。しかし、代位債権者は、債務者の権利について管理処分権

---

(2) 例えば、勅使川原和彦「他人に帰属する請求権を訴訟上行使する『固有』の原告適格についての覚書」『伊藤眞先生古稀祝賀論文集・民事手続の現代的使命』（有斐閣、2015 年）417 頁。
(3) 伊藤眞「改正民法下における債権者代位訴訟と詐害行為取消訴訟の手続法的考察」金法2088 号（2018 年）40 頁。

を有しないことは前述の通りである。それでは、代位債権者の受けた確定判決の効力がなぜ債務者に拡張することが正当化されるのであろうか。

　この点についても、株主代表訴訟における議論が参考になる。責任追及の訴えを提起した株主は、遅滞なく、株式会社に対して訴訟告知をしなければならないとされているが（会社 849 条 4 項）、このような会社に対する手続関与の機会を与えることが、株主が会社の権利について管理処分権を有していないにもかかわらず、株主に対する不利な判決効が会社に拡張されることを正当化する[4]。債権者代位訴訟も、株主代表訴訟と同様の構造を有するため、改正民法 423 条の 6 に従って、代位債権者が債務者に対して訴訟告知をすることにより、代位債権者の受けた不利益な判決効を債務者に拡張することが正当化される[5]。

　もっとも、代位債権者が債務者に対して訴訟告知をしなかった場合の効果については、株主代表訴訟において同様の議論があるように[6]、争いがあろう。起草過程においては、代位債権者が訴訟告知をしない限り、代位債権者の訴えが不適法として却下されることが前提とされていたようである[7]。私見も、代位債権者による債権者に対する訴訟告知の有無は職権調査事項であり、それゆえ、裁判所が代位債権者による訴訟告知の懈怠に気づいた場合には、職権で、代位債権者による訴えを却下すべきであると解する。なぜなら、この訴訟告知は、法的安定性という公益のために、債務者に対して既判力を拡張することを正当化する重要な手段であるからである。したがって、訴訟告知の懈怠を理由に、控訴裁判所および上告裁判所は職権で原判決を取消しまたは破棄することができる。しかしそれでも、裁判所が代位債権者による訴訟告知がなされていないことを看過したまま審理が進められ、最終的に請求棄却判決が確定する場合もありうる。この場合に、判決が無効である、または、債務者との関係では既判力は拡張されないとすることは、法的安定性の観点からすれば難しいのではないか[8]。そこで、代位債権者が訴訟告知をせずとも訴訟追行権を取得し、

（4）　鶴田滋「複数の株主による責任追及訴訟における必要的共同訴訟の根拠——既判力の人的拡張を手がかりに」立命 369・370 号（2017 年）1806 頁、1822 頁以下。
（5）　八田卓也「法定訴訟担当」法教 457 号（2018 年）103 頁。
（6）　例えば、鶴田・前掲注（4）1823 頁。
（7）　法制審議会における議事録の記載とその評価について、八田・前掲注（5）102 頁。

かつ、その確定判決の効力は債務者に拡張されるとしつつ、債務者は338条1項3号に基づいて第三者再審の訴えを提起できる、とすべきではないかと考える[9]。

5 債務者による別訴・訴訟参加の可否

(1) 債務者による別訴の可否

代位債権者による債権者代位訴訟の係属中に、債務者が被代位債権の履行請求の別訴を提起することはできるであろうか。これは、否定されるべきであろう。なぜなら、係属中の債権者代位訴訟と債務者自身による履行請求訴訟の訴訟物は同一であり[10]、かつ、代位債権者による訴訟の確定判決の効力が債務者に拡張されるため、142条の重複起訴の禁止の要件に該当するからである。実質的にも、既判力の抵触のおそれがあるために、矛盾する判決を未然に防止する必要があると考えられる。

(2) 共同訴訟参加による方法とその手続規律

そこで、債務者は、別訴を提起するのではなく、係属している、代位債権者による債権者代位訴訟に訴訟参加する必要が生じる。参加の方法としては、まず、債務者が被保全債権の存在を争わない場合には、共同訴訟参加（50条）によることが考えられる。改正前民法下では、債権者代位権の行使により債務者は被代位債権についての処分権能を喪失したため、共同訴訟参加による参加はできず共同訴訟的補助参加をすることができるにすぎなかったが、前述の通り、改正民法によれば、債権者代位権が行使されても、債務者は被代位債権についての処分権は失われないとされたからである（民423条の5）。代位債権者によ

---

(8) したがって、債務者が代位訴訟に関与する機会を全く与えていなかった改正前民法下において、現行法115条1項2号の存在にもかかわらず債権者代位訴訟の既判力が債務者に拡張されないとした下級審裁判例（大阪地判昭和45・5・28下民集21巻5＝6号720頁）は、改正民法下では通用しないように考えられる。

(9) この方法については、最決平成25・11・21民集67巻8号1686頁を参照。

(10) ただし、代位債権者も債務者も、自己への金銭支払いを求めているため、両者の訴訟物は厳密には同一と言えないかもしれない。この点については、注(11)も参照。

る債権者代位訴訟の既判力は債務者に拡張されるため（115 条 1 項 2 号）、代位債権者と債務者が共同原告となる場合には、類似必要的共同訴訟が成立すると考えられる。したがって、共同訴訟参加の要件を充たし、債務者は代位債権者の訴訟に共同訴訟参加することができると考える[11]。

　しかし、共同訴訟参加が許された場合の訴訟の手続規律が問題となる。なぜなら、改正民法 425 条の 5 が代位債権者による訴訟提起によっても、債務者自身の債権についての管理処分権を喪失しないとする以上、この立場を訴訟上にも反映させるべきではないかと考えられるからである。具体的には、債務者の訴訟参加により、①代位債権者の訴えを却下とする方法、②代位債権者の訴訟を中止する方法、または、③ 40 条の準用について、債務者の不利な訴訟行為に対して代位債権者が介入することができないとする規律とする方法が考えられる[12]。

　これらの方法のうち、①の方法が債務者の地位を最も重視するものであるし、訴え提起行為は実体法上の権利を処分するのに類似する行為であるとの伝統的な考え方に合致する。しかし、代位債権者の訴訟上の地位をここまで低下させると、債権者代位訴訟の意義がほとんど消滅してしまうであろう。また、代位債権者の訴えを却下にするためだけの濫用的な訴えが、債務者により提起される可能性もある。②の方法も、代位債権者の訴訟を中止させたところで、債務者の第三債務者に対する訴訟の判決の効力が代位債権者にも拡張されると解することができるならば[13]、債務者が第三債務者との訴訟において勝訴した場合のみならず敗訴した場合にも、代位債権者は、債務者と第三債務者間の訴訟の確定判決に拘束されるため、債権者代位権に基づいて自らの権利を実現することは困難となる。そこで、筆者は、山本和彦教授の見解と同様に、③の方法

---

(11)　山本和彦「債権者代位権」安永正昭他監修『債権法改正と民法学 2』（商事法務、2018 年）140 頁も同旨。ただし、山本教授は、代位債権者は自己への金銭の支払いを求めている以上、代位債権者の定立する請求は、債務者のそれと同一ではないという場合に共同訴訟参加を承認することになると述べる。同書 139 頁。

(12)　山本・前掲注(11)140 頁。

(13)　伝統的な見解によれば、権利主体による訴訟の判決効は、「反射的な効力」として、判決確定後に同一権利を主張する訴訟担当者に拡張される。最判平成 12・7・7 民集 54 巻 6 号 1767 頁を参照。

を採用することが望ましいと考える[14]。

　その他、債権者代位訴訟に債務者が共同訴訟参加し、審理の結果、債務者の第三債務者に対する債権の存在が認められる場合に、どのような判決が言い渡されるべきかについても争いがある[15]。具体的には、(a)被告が代位債権者に対して一定額の金銭を支払う旨の判決と、被告が債務者に対して一定額の金銭を支払う旨の判決を言い渡すとする見解[16]、(b)債務者が共同訴訟参加したことにより、代位債権者の請求が、債務者への一定額の金銭の支払いを求めるものに当然に変容するため、これについても、債務者に対する金銭支払いを命じる判決を言い渡すとする見解[17]、(c)被告に対して一定額の金銭の支払いを命じる判決は、債務者に対して命じれば十分であるから、代位債権者の請求は棄却されるべきであるとする見解[18]が対立する。代位債権者の債務者に対する従属性を認める改正民法425条の5の趣旨と、債務者の第三債務者に対する1つの権利についての権利実現を命じる判決は1つで十分であることに鑑みると、(c)の見解が妥当であると考える。私見によれば、代位債権者の訴訟に債務者が共同訴訟参加した場合、代位債権者は、債務者が自ら共同訴訟参加の申出を取り下げない限り、代位債権者自らが請求認容判決を得るためではなく、債務者に請求認容判決を得させて債務者の責任財産を増加させるためだけに共同訴訟人となっていることになろう[19]。

---

(14)　40条の片面的な適用については、鶴田滋「片面的独立当事者参加の訴訟構造」『徳田和幸先生古稀祝賀論文集・民事手続法の現代的課題と理論的解明』（弘文堂、2017年）137頁以下を参照。ただし、八田・前掲注（5）105頁は、代位債権者の訴訟に債務者が共同訴訟参加した場合にも、40条の規律通りに、代位債権者は債務者の不利益行為に介入することができると述べる。

(15)　この点については、高須順一「改正民法における債権者代位権・詐害行為取消権の新しい規律」司法書士558号（2018年）7頁を参考にした。

(16)　山本和彦「債権法改正と民事訴訟法──債権者代位訴訟を中心に」判時2327号（2017年）123頁。

(17)　高須順一「債権法改正後の代位訴訟・取消訴訟における参加のあり方」名城66巻3号（2016年）69頁。

(18)　伊藤・前掲注(3)44頁。

(19)　なお、債務者の第三債務者に対する債務履行請求訴訟の係属中に、代位債権者が共同訴訟参加することもありうる。これは適法であるが、その場合の手続規律は、代位債権者の訴訟に債務者が共同訴訟参加した場合と同様に考えれば足りると考える。

(3)　独立当事者参加による方法とその手続規律

　債務者が、代位債権者が債務者に対して主張する被保全債権の存在を争う場合、債務者が共同訴訟参加をしても、被保全債権が訴訟の対象とならないため、債務者の訴訟の目的は十分に達成されない。そこで、債務者は、独立当事者参加（権利主張参加。47 条 1 項後段）を利用することが、従来から判例上認められている（最判昭和 48・4・24 民集 27 巻 3 号 596 頁）。この法理は、民法改正後も適用されるべきであると考える。たしかに、この場合、代位債権者と債務者の当事者適格が両立しうるが、伝統的な見解によれば、不動産二重譲渡事例においても本案の請求が両立しうるにもかかわらず、権利主張参加が許されているため、上記の判例法理は維持されて良いと考える[20]。もっとも、その場合の手続規律については、共同訴訟参加の場合と同様に、民法改正前より変更されざるをえないであろう[21]。

　この場合の手続規律は、代位債権者の訴訟に債務者が共同訴訟参加した場合の手続規律と同様に考えられる。私見によれば、まず、債務者は、被告との関係では債務履行請求、代位債権者との関係では被保全債権の不存在確認請求と定立した上で、独立当事者参加をすることができる。この参加により、代位債権者の訴えは却下されないが、代位債権者は債務者の不利益な訴訟行為に介入できないという特殊な三面訴訟が成立する[22]。そして、代位債権者の訴訟に債務者が独立当事者参加し、裁判所が債務者の第三債務者に対する権利が存在すると判断した場合には、代位債権者の請求は棄却され、債務者の請求のみが認容される[23]。したがって、代位債権者は、債務者が、第三債務者（被告）との関係で独立当事者参加の申出を取り下げない限り、自らが請求認容判決を得るためではなく、債務者に請求認容判決を得させて債務者の責任財産を増加させるためだけに当事者となっていることになる。

---

(20)　この点についての議論の概要は、畑瑞穂「債権者代位訴訟における債務者の参加」百選 227 頁を参照。

(21)　この点については、八田・前掲注(5)105 頁以下も参照。

(22)　山本・前掲注(11)142 頁も同旨。

(23)　この場合、被代位債権は存在すると裁判所に認定されていることが前提となっている。したがって、債務者の代位債権者に対する債務不存在確認請求は棄却される。

6 おわりに

以上で考察を終える。改正民法 425 条の 5 が挿入されたことにより、債権者代位訴訟の実効性は、改正前よりも格段に低下したことは否めないであろう。しかし、旧法下において、債務名義も取得していない代位債権者が、第三債務者に対する債権者代位訴訟を提起しただけで、債務者に帰属する財産（第三債務者に対する債権）について差押えをしたのと同様に、債務者からその帰属する財産についての管理処分権を剥奪することができていたこと自体が、債務者の財産権保護の観点から問題であったのではないだろうか（憲 29 条参照）[24]。手続法上も、改正民法 425 条の 5 の趣旨にできるだけ適った解釈論が望まれていると考える。

〔関連問題〕

改正民法は、債権者が受益者または転得者を被告として詐害行為取消請求に係る訴えを提起する際にも、債務者に対して、遅滞なく訴訟告知をしなければならない旨の規定を置いた（改正民法 424 条の 7）。このように、債権者が債務者に対して訴訟告知をしなければならないとし、詐害行為取消訴訟に関与する機会を債務者に与えた理由を、債権者代位訴訟に関与する機会が債務者に与えられた理由と比較して説明しなさい。

※　訴訟告知を受けた債務者が、債権者代位訴訟または詐害行為取消訴訟に参加した場合の訴訟上の地位に着目して説明することが求められる。参考文献として、伊藤眞「改正民法下における債権者代位訴訟と詐害行為取消訴訟の手続法的考察」金法 2088 号（2018 年）37 頁以下等。

---

(24)　この点については、三ヶ月章「わが国の代位訴訟・取立訴訟の特異性とその判決の効力の主観的範囲」同『民事訴訟法研究第 6 巻』（有斐閣、1972 年）16 頁注 1（初出 1969 年）とそれに対応する本文を参照。

第11章
訴訟追行権の授与

鶴田　滋

〔問題〕

(1)　X、AおよびBは、共同で出資して事業を行う民法上の組合（C組合）を結成し、その組合規約には、業務執行組合員に自己の名で組合財産を管理し、組合財産に関する訴訟を追行する権限が授与されるとあった。C組合の業務執行組合員となったXは、CがYと締結した請負契約に基づく代金支払請求の訴えを、Yを被告として提起した。この場合に、Xは訴訟追行権を有するか、あるとすればそれはなぜか。

(2)　Y会社の運行するバスが事故に遭い、その乗客のうち怪我をしたX、A、BおよびCが、Yに対して運送契約違反に基づく損害賠償請求権を主張している。しかし、A、BおよびCは自ら訴えを提起することをためらった。そこで、訴えの提起に際して、A、BおよびCは、自らの請求権に関する訴訟の訴訟追行をXに委ねるために、Xに対して、30条に基づく選定行為をした。Xが、Yを被告として、X、A、BおよびCの損害賠償請求の訴えを提起した場合に、なぜXに訴訟追行権が認められるのかについて論じなさい。

1 問題の所在

権利関係の主体が訴訟追行権を第三者に授与し、第三者がその授権に基づいて当事者適格を取得する場合を任意的訴訟担当という。しかし、これを無制限に認めると、訴訟代理人を弁護士に限定する趣旨（54条1項）が潜脱され、訴訟行為をさせるためにだけに財産の管理処分権を移転すること、すなわち訴訟信託の禁止（信託法10条）に抵触する。このため、任意的訴訟担当は、何らかの基準により制限される必要がある。そこで、本章では、法が明文の規定により任意的訴訟担当を承認するケースと、明文の規定がない場合にも判例が任意的訴訟担当を承認するケースを紹介し、これらのケースにおいてなぜ任意的訴訟担当が許されるのかを検討する。

2 明文の規定がない場合の任意的訴訟担当の許容要件の重要性

最高裁は、法が明文の規定により任意的訴訟担当を承認していない場合にも任意的訴訟担当が許されるための基準を定立している。それは、①「本来の権利主体からの訴訟追行権の授与があること」、②「弁護士代理の原則（民訴54条1項本文）を回避し、又は訴訟信託の禁止（信託法10条）を潜脱するおそれがなく、かつ、これを認める合理的必要性がある」ことの2つである（最大判昭和45・11・11民集24巻12号1854頁〔以下、これを「昭和45年大法廷判決」と呼ぶ〕、およびこの判例を踏襲した最判平成28・6・2民集70巻5号1157頁[1]）。

これらの要件を充たせば、立法によらなくとも任意的訴訟担当が許されるということは、立法によれば、違憲にならない限り、これらの要件より緩和された要件の下で任意的訴訟担当が許容されうることを意味する。したがって、判例が示す任意的訴訟担当の許容要件は、通常は、立法により承認された任意的訴訟担当の要件よりも厳格なものとなる。したがって、明文の規定がないにも

---

[1] この裁判例に関する批評を、筆者はかつて行ったことがある。鶴田滋「判例批評」判時2336号（2017年）160頁以下。本稿における叙述の一部には、この文献において述べたことと重複するものが含まれている。私見の詳細はこの文献を参照されたい。

かかわらず、任意的訴訟担当が許容される場合の要件を確認することは、任意的訴訟担当を許容する根拠や立法による要件緩和の可能性を見る上で、まず重要となる。

3　任意的訴訟担当を許容する合理的必要性

⑴　明文の規定のない任意的訴訟担当の場合

　前述の通り、最高裁は、明文の規定のない場合の任意的訴訟担当の第 2 の許容要件として、「弁護士代理の原則（民訴 54 条 1 項本文）を回避し、又は訴訟信託の禁止（信託法 10 条）を潜脱するおそれがなく、かつ、これを認める合理的必要性がある」ことをあげる。この点について、判例は、〔問題〕⑴のような民法上の組合の業務執行組合員が、民法上の組合の財産（これはその構成員全員が共同所有する）に関する訴訟についての任意的訴訟担当資格を有するかどうかが問題となった事案である、前掲の昭和 45 年大法廷判決において、次のように述べる。

　「民法上の組合において、組合規約に基づいて、業務執行組合員に自己の名で組合財産を管理し、組合財産に関する訴訟を追行する権限が授与されている場合には、単に訴訟追行権のみが授与されたものではなく、実体上の管理権、対外的業務執行権とともに訴訟追行権が授与されているのであるから、業務執行組合員に対する組合員のこのような任意的訴訟信託は、弁護士代理の原則を回避し、または信託法 11 条（現行法 10 条）の制限を潜脱するものとはいえず、特段の事情のないかぎり、合理的必要を欠くものとはいえない」。

　以上の叙述から、判例は、まず、民法上の組合の業務執行組合員による任意的訴訟担当は、「単に訴訟追行権のみが授与されたものではなく、実体上の管理権、対外的業務執行権とともに訴訟追行権が授与されているのであるから」、弁護士代理原則や訴訟信託禁止の潜脱のおそれがない、としていることが読み取れる。

　ところで、民法学説によれば、他人の財産を管理する方法としては、第 1 に、

本人の名において管理するもの、第2に、自己の名において管理して、直接本人の財産的権利義務に変動を及ぼすもの、および、第3に、財産を法律上一応自己に帰属させ自己の名において管理するものである[2]。

このうち、ある者が訴訟を行うためだけに他人の財産を管理する場合、第1の場合は訴訟代理となり、弁護士以外による訴訟代理は原則として禁じられる（54条1項）。同様に、第3の場合にも、訴訟信託であるとして禁じられる（信託法10条）。これらの準則の趣旨は、三百代言の跳梁の防止、すなわち、他人間の紛争に介入し不当な利益を追求することの防止にある点で共通する[3]。ところが、第2の場合、すなわち、ある者が訴訟を行うためだけに他人の財産管理について他人から授権を受ける場合にも、同様の問題が生じうるにもかかわらず、これを禁止する規定が存在しない。そこで、昭和45年大法廷判決が、このような任意的訴訟担当を禁止したと考えられる。すなわち、第三者が権利主体とその相手方間の紛争に介入し不当な利益を追求することを防止するために、第三者が権利主体から「単に訴訟追行権のみが授与されたものではなく、実体上の管理権、対外的業務執行権とともに訴訟追行権が授与されている」ことが、任意的訴訟担当の許容要件とされている。

さらに、判例は、民法上の組合における「業務執行組合員に対する組合員の……任意的訴訟信託は、……特段の事情のないかぎり、合理的必要を欠くものとはいえない」と述べている。このように述べるのは、民法上の組合の業務執行組合員が、通常、組合の業務を決定し、これを執行し（改正民法670条3項）、また、組合員に対して善管注意義務を負う（改正民法671条、644条）からであろう。すなわち、業務執行組合員は、組合における自己の業務の一環として訴訟を追行し、かつ、組合員に対して善管注意義務を負うことから、組合財産に関する訴訟を適切に追行することが期待できるからであろう。したがって、判例は、実体上の管理権行使の一環として訴訟追行権を授与されている第三者が、当該財産を適切に管理すべき義務を負っている場合には、当該財産に関する訴訟を適切に追行することが期待できるために、任意的訴訟担当を認める合理的

---

(2) 我妻榮『新訂民法總則』（岩波書店、1965年）331頁。

(3) 堀野出「訴訟信託禁止規定と隣接諸制度」『上野泰男先生古稀祝賀論文集・現代民事手続の法理』（弘文堂、2017年）83頁、89頁以下。

必要性があると判断しているものと考えられる。

　以上から、判例は、第三者が、任意的訴訟担当者となって、他人間の紛争に介入し不当な利益を追求することが防止され（弁護士代理原則を回避し、訴訟信託の禁止を潜脱するおそれがないこと）、かつ、他人の財産に関する訴訟を適切に追行することが期待できる（任意的訴訟担当を認める合理的必要性があること）場合にのみ、任意的訴訟担当を許容している、と考えられる。

(2)　選定当事者の場合

　ところで、選定当事者とは、29条の規定に該当しない、共同の利益を有する多数の者は、その中から、全員のために原告または被告となるべき1人または数人を選定することができ、その選定された当事者に、全員のための訴訟担当者として訴訟追行権を与える制度である（30条）。選定当事者が許されるための要件は、判例によれば、訴訟の目的である権利義務が「全員につき同一の事実上及び法律上の原因に基くもの」（38条参照）であり、かつ、「本訴における当事者双方の主要な攻撃防禦の方法が……全員につき共通である」ことであるとされる（最判昭和33・4・17民集12巻6号873頁）。そして、選定者による選定行為が行われた場合、選定を受けた選定当事者のみが当事者となり、かつ、その当事者が受けた確定判決の効力は選定者にも拡張される（115条1項2号、民執23条1項2号）。このように、〔問題〕(2)のように、本来であれば共同訴訟が成立し、多数の当事者が共同訴訟人となるケースにおいて、選定当事者のみが訴訟当事者となることにより、共同訴訟が単純化される。これが選定当事者制度のメリットであり、任意的訴訟担当を認める合理的必要性を基礎付ける。

　しかし、共同訴訟の単純化は、共同訴訟人全員が1人の訴訟代理人に事件を委任することによっても果たされるため、選定当事者の機能は、訴訟代理制度のそれに近似する。しかも、選定当事者は、訴訟代理人ではなく当事者であるから、その権限については55条2項の適用を受けず、訴訟上の和解を含む一切の訴訟行為を特別の委任なしにすることができる（最判昭和43・8・27判時534号48頁）。このように、選定当事者は、訴訟代理人と同等またはそれ以上の訴訟上の権限を有するにもかかわらず、弁護士でない者がこれになりうることに問題はないのであろうか。すなわち、選定当事者制度は、訴訟の単純化の

ために、法が明文の規定により許容したにもかかわらず、この制度は、弁護士代理制度を潜脱しているのではないかとの疑問が生じうる。

この点について、高橋宏志教授は、「そもそも選定当事者が訴訟代理人と異なりあらゆる訴訟行為をすることができるのは、選定当事者の請求と選定者の請求がともに訴訟に上程されており、自己の請求がともに審理されている以上、選定当事者は無意味または無謀な訴訟追行をしないであろう、というところに根拠がある」と述べる[4]。このことからすれば、選定当事者は、自らの請求と、自らと共同の利益を有する選定者の請求について同時に訴訟追行するために、選定者の請求についての訴訟を適切に追行することが期待できることから、弁護士代理制度の潜脱のおそれがあるにもかかわらず、選定当事者という任意的訴訟担当が立法により許容されていると考えられる。

4　訴訟追行権の授与と実体法上の管理権の授与

(1)　明文の規定のない任意的訴訟担当の場合

2で述べた通り、最高裁判例は、「本来の権利主体からの訴訟追行権の授与があること」を任意的訴訟担当を許容するための第1の要件としてあげている。元来、「給付の訴えにおいては、自らがその給付を請求する権利を有すると主張する者に原告適格がある」ので（最判平成23・2・15判時2110号40頁）、訴訟担当者が訴訟追行権を得るには、法定訴訟担当を認める法律上の根拠を欠く場合には、本来の権利主体からの訴訟追行権の授与が必要である（最判昭和60・12・20判時1181号77頁を参照）。

この点に関して、かつて判例は、民法上の組合の解散に際し、組合員により選任された清算人は、「その名において裁判上裁判外の行為を為す権限を授与されていた」にもかかわらず、「適法ないわゆる任意的訴訟担当の信託があつたものとすることはできない」と述べていた。なぜなら、「かくのごとき場合においては民訴47条（現行法30条）によつて訴訟の当事者となるべきものを選定すべきであり、同条によることなく、本件のごとき場合に訴訟担当の任意

---

　(4)　高橋・重点講義(下)416頁注4。

的信託をみとめることは許されないから」である（最判昭和 37・7・13 民集 16 巻 8 号 1516 頁）。

　しかし、その後、前述の昭和 45 年大法廷判決が、この法理を次のように変更した。

　「民法上の組合において、組合規約に基づいて、業務執行組合員に自己の名で組合財産を管理し、組合財産に関する訴訟を追行する権限が授与されている場合には、単に訴訟追行権のみが授与されたものではなく、実体上の管理権、対外的業務執行権とともに訴訟追行権が授与されているのであるから、業務執行組合員に対する組合員のこのような任意的訴訟信託は、……民訴法 47 条（現行法 30 条）による選定手続によらなくても、これを許容して妨げない」。

　この叙述からは、権利主体による訴訟追行権の授与は、選定行為という民事訴訟法所定の訴訟行為によって行われる必要はなく、実体上の管理権、対外的業務執行権を業務執行組合員に付与するという内容の、組合契約すなわち私法上の法律行為によるのとともに行うことが許される、と読める。すなわち、この判例によれば、組合員全員が、上述の内容の組合契約を締結する際に、その契約の内容に業務執行組合員に訴訟追行権を授与する旨の条項も存在すれば、私法上の組合契約成立により、業務執行組合員への訴訟追行権の授与という訴訟行為も行われ、その結果、組合契約の私法上の効果とともに、訴訟行為による訴訟上の効果を発生させることとなる。

　しかし、以上のような判例の考え方に対しては、次のように、通説からの強い批判がある[5]。

　「訴訟追行権は、訴えの利益（＝訴訟要件）としての当事者適格を、それが認められる主体の側からみた概念であって、『当事者適格の授与』ということがありえないのと同様に、『訴訟追行権の授与』もありえない。あるのは、自己の権利・義務につ

---

(5)　中野貞一郎「当事者適格の決まり方」同『民事訴訟法の論点 I』（判例タイムズ社、1994 年）119 頁（初出 1993 年）。

いての訴訟追行をすることをその本来の帰属主体が第三者に許すという、実体法上の行為であり、実体的な管理権の授与のひとつの態様であって、授権された者の訴訟追行は本人との関係で実体法上は適法である。しかし、それが必ずしも直ちに訴訟上の適法な『訴訟追行の授権』とはならず、その実体的な『訴訟追行の授権』が、訴訟法上、任意的訴訟担当の要件とされるものを具えなければならないのである。」

　この見解によれば、「訴訟追行権の授与」という訴訟上の効果を生じさせる訴訟行為は存在しえず、自らの権利義務についての訴訟追行を許す旨の実体法上の法律行為である「訴訟追行の授権」のみが存在することになる。
　しかし、通説は他方で30条に基づく選定行為は訴訟行為であるとするのであるが、上記の叙述はこの点とどのように整合するのであろうか[6]。また、たしかに、訴訟追行権の有無は、裁判所が審理・判断すべき訴訟要件であるから、これ自体を処分することは考えにくいのかもしれない。しかし、「仮に裁判所が訴訟当事者に対して訴訟対象についての訴訟追行権を承認した場合に生じる、種々の訴訟上の効果（例えば、当該当事者が本案判決の名宛人となること、当該当事者が権利義務主体のために一切の訴訟行為をすることができること、当該当事者に対する確定判決の効力が権利義務主体に拡張されること）」は観念可能であり、これが判例のいう「訴訟追行権」であると解することができるのであれば、「訴訟追行権の授与」は、上記の訴訟上の効果を生じさせる訴訟行為であるということができる[7]。この考え方によれば、権利義務主体から「訴訟追行権の授与」を受けたと主張する者が訴訟当事者となった場合に、裁判所は、訴訟当事者が権利義務主体から授与を受けたと主張する「訴訟追行権」の有無を、他の訴訟要件の有無と共に審理・判断する、と説明される。
　以上から、明文の規定のない任意的訴訟担当の場合には、それが許容されるかどうかを判断する際には、権利義務主体から訴訟担当者への実体上の管理権

(6)　垣内秀介教授の研究によれば、訴訟追行権の授与行為を訴訟行為と解するのが、ドイツにおける判例・学説においては一般的であるとされる。垣内秀介「任意的訴訟担当における授権をめぐって」『高橋宏志先生古稀祝賀論文集・民事訴訟法の理論』（有斐閣、2018年）224頁。

(7)　なお、垣内・前掲注(6)233頁以下は、訴訟追行権の授与行為、すなわち訴訟追行の授権は、権利義務主体への判決効拡張という訴訟上の効果を生じさせる意思表示、すなわち訴訟行為と捉える。

の授与の有無が重要であるとしても、このことからただちに、「訴訟追行権の授与」という訴訟上の効果を生じさせる訴訟行為は存在しえない、という帰結は導かれないことを明らかにした。むしろ、判例が述べるように、明文の規定のない任意的訴訟担当が許容される場合には、「訴訟追行権の授与」という訴訟行為と「実体上の管理権の授与」という法律行為が外観上一体的に行われていると理解した方が、後述の選定当事者制度との関係をより容易に説明することができる[8]。

(2)　選定当事者の場合

　ところで、選定者による選定当事者に対する選定行為が、訴訟行為の性質を持つと解されるのが通説であることは、既に述べた。さらに、選定当事者制度は、本来であれば多数の共同訴訟人が関与すべき訴訟を単純化すること、および、選定当事者は、選定者と共同の利益を有するために、選定者の請求について適切な訴訟追行をすることが期待できることが、この制度の合理的必要性を基礎付けることも既に述べた。このように、選定当事者制度は、以上の訴訟上の理由から許容されるので、選定者による選定行為を訴訟行為と見ることになんら問題がないように思える。

　しかし他方で、判例によれば、選定当事者は、訴訟上の和解を含む一切の訴訟行為をすることができる（前掲最判昭和 43・8・27）。訴訟上の和解の有効要件の 1 つに、訴訟当事者が訴訟物となっている実体法上の権利関係について管理処分権を有していることが含まれていることからすれば、選定行為の中にその権能が含まれていると解さざるをえない[9]。

　このように考えると、選定行為も、明文の規定のない任意的訴訟担当における授権と同様に、「訴訟追行権の授与」という訴訟行為と「実体上の管理権の授与」という法律行為が外形的には一体として行われていると解すべきである。

---

(8)　垣内・前掲注 (6) 236 頁も、「実体法上の権限の授与と、訴訟追行の授権とは、外形上一体的になされることはあり得るとしても、理論的には、異なる効果をもたらす意思表示であり、後者の存在を認めるためには、それに対応する意思の存在が認められる必要があるものと解される」と述べる。なお、訴訟行為と私法行為（法律行為）との関係についての私見は、鶴田滋「訴訟行為」法教 434 号（2016 年）25 頁を参照。
(9)　伊藤 198 頁。

　なお、判例および通説の立場によれば、選定当事者が、選定者の請求についての処分行為（例えば、請求の放棄・認諾、訴訟上の和解）を、選定者の了解なく単独で行うことが可能となる。これは、選定行為に実体法上の管理権の授与が含まれることから当然の帰結ではある。しかし、このように、選定者の保護の観点からすれば不当だと思われかねない事態が生じるのは、選定行為は、民法上の組合の業務執行組合員のように組合契約締結時から彼が組合員と委任関係にある場合とは異なり、選定当事者と選定者間に「共同の利益」（30条）さえあれば、両者間に契約関係がなくとも、訴訟係属前のみならず訴訟係属中でさえ行われうるからであろう。そこで、上記のような選定者の不利益を回避するために、選定者はいつでも選定行為を撤回（法文上は取消し）することができるし（30条4項）[10]、また、選定当事者との内部関係では和解等の権限を制限し、その契約に違反した場合には選定者は選定当事者に対して損害賠償を請求することもできる、と解されている[11]。

5　おわりに

　以上の考察から、次のことが明らかとなった。任意的訴訟担当が許容されるには、まず、権利主体が訴訟担当者に対して、「訴訟追行権の授与」という訴訟行為と「実体上の管理権の授与」という法律行為という、外形的には一体として行われる行為（授権）を行う必要がある。このような授権が行われることによって、訴訟担当者は、当該訴訟において、訴訟物となっている実体法上の権利関係についての処分を伴う訴訟行為を含めた、一切の訴訟行為をすることができる。そのため、任意的訴訟担当が許容されるためには、権利義務主体の請求について適切な訴訟追行をすることが期待できることが要求される。そこで、訴訟担当者による不適切な訴訟追行により、権利義務主体に不利益が生じないようにするために、訴訟担当者と権利義務主体が、訴訟担当者に善管注意

---

　(10)　ただし、選定当事者と選定者間に実体法上の契約関係があり、その上で選定行為があった場合には、その実体法上の契約関係に基づいて、選定行為の撤回が許されない場合もありうる。これは、訴訟追行の授権撤回の可否一般の問題に含まれる。詳細は、垣内・前掲注(6)236頁以下。
　(11)　高橋・重点講義(下)414頁。

義務等を生じさせる委任契約等を締結していること等が、（とりわけ明文の規定のない）任意的訴訟担当を許容するための重要な要素となる。

〔関連問題〕

　Y大学を受験した学生Aが、入学を辞退し、前払授業料の返還を求めたが、不返還特約を理由に拒絶された。Aは授業料を返還されないのは不当であるとして、X消費者団体にその旨相談した。X団体は、調査の結果、Y大学を受験した学生に前払授業料を返還しないのは不当であると判断し、Y大学の受験生全員の被害を回復したいと考えた。

　(1)　この場合、Xがどのような団体で、かつ、XがYを被告としてどのような訴えを提起すれば、Xは、Yを被告とする訴訟において訴訟追行権を有するか。

　(2)　(1)の訴訟においてXの請求認容判決が確定した場合、Aは、その確定判決を利用するために、自己の権利についての訴訟追行権をXに授与することはできるか。この場合におけるAによる授権の方法と、授権した場合のAとXの実体法上の関係について説明しなさい。

※　消費者被害回復裁判手続の内容について説明を求める問題である。(1)では、その第1段階である共通義務確認訴訟における特定適格消費者団体の訴訟追行権の根拠を説明することが求められ、(2)では、第2段階である簡易確定手続における、対象消費者の授権の方法や、対象消費者と簡易確定手続申立団体との簡易確定手続授権契約の内容について説明することが求められる。参考文献として、伊藤眞「消費者被害回復裁判手続の法構造」曹時 66 巻 8 号（2014 年）1 頁、山本和彦『解説　消費者裁判手続特例法〔第 2 版〕』（弘文堂、2016 年）114 頁以下、235 頁以下等を参照。

第12章
補助参加の利益と参加的効力

鶴田　滋

〔問題〕

(1)　債権者Xが主債務者Zの保証人Yを被告として、保証債務の履行を求める訴えを提起した。この訴訟の係属中、ZはY側に補助参加する旨の申出をしたが、Xがそれに異議を申し立てた。この場合、Zに補助参加の利益はあるか。

(2)　Xは、本件建物を所有しているが、Yがその建物を占有していると主張して、Yを被告として、Yの本件建物からの退去を求める訴えを提起した。これに対して、Yは本件建物はZが所有し、Zからこれを賃借していると主張した。このような状況において、YがZに対する訴訟告知を行ったが、ZはX側にもY側にも補助参加をしなかった。

①　この訴えに対して、Xの請求を認容する判決が下され、それが確定した。これを受けて、ZはYを被告として、本件建物の賃料の支払いを求める訴えを提起した。Yが、Xの請求を認容する前述の確定判決を援用した場合、Zは、自らが本件建物の所有者であると主張することは許されるか。

②　この訴えに対して、本件建物の所有権はXにないとの理由で、Xの請求を棄却する判決が下され、それが確定した。これを受けて、ZはYを被告として、本件建物の賃料の支払いを求める訴えを提起した。Zが、Xの請

　求を棄却する前述の確定判決を援用した場合、Yは、Xが本件建物の所有
者であると主張することは許されるか。

(3)　債権者Xが主債務者Zを被告として、主債務の履行を求める訴えを提起
した。この訴訟の係属中、Zの保証人YはZ側に補助参加する旨の申出をした
が、Xがそれに異議を申し立てた。この場合、Yに補助参加の利益はあるか。

問題(1)

問題(2)

問題(3)

1　問題の所在

　本章は、補助参加の制度目的とその利益、および、参加的効力の制度目的と
その範囲を明らかにした上で、補助参加の利益と参加的効力の相互関係を明ら

かにすることを目的とする。

2　補助参加の制度目的とその利益

　補助参加とは、他人間の訴訟の結果に利害関係を持つ第三者が、当事者の一方を勝訴させるために、訴訟に参加する訴訟参加の形態をいう（42条）。補助参加人は、自ら訴訟上の請求を定立しないで当事者の一方を勝訴させることにより、間接的に自らの利益を保護することを目的に訴訟参加をする[1]。

　このような目的の補助参加を許容するための要件として、①他人間に訴訟が係属していることと、②第三者に補助参加の利益があることがあげられる。後者の要件は、当事者の異議がある場合に限り調査され、その有無は、「訴訟の結果」すなわち判決中の判断を前提に、実体法的な論理を展開すれば、第三者の法的地位に事実上の影響が生じるか否かにより判断される。

　そして、通説によれば、ここでいう「訴訟の結果」とは訴訟物についての判断のみを指す（訴訟物限定説）。したがって、通説によれば、〔問題〕(1)では、係属中のＸＹ間の訴訟において、当該訴訟の訴訟物であるＹがＸに対して保証債務を負うとの判断は、実体法的な論理を展開すると、後のＸＹ間の訴訟において第三者であるＺがＹに対して求償義務を負うとの法的地位に事実上影響を及ぼすために、Ｚには補助参加の利益があるとされる。〔問題〕(3)においても、係属中のＸＺ間の訴訟において、当該訴訟の訴訟物であるＺがＸに対して主債務を負うとの判断は、実体法的な論理を展開すれば、後のＸＹ間の訴訟において、第三者であるＹがＸに対して保証債務を負うとの法的地位に事実上の影響を及ぼすために、第三者Ｙには補助参加の利益があると説明される。

　通説が、補助参加の利益の判断の基準となる「訴訟の結果」を訴訟物に限定し、判決理由中の判断を含まないとする理由は、「先決問題に対する判決理由中の判断は、当事者間においてさえ既判力を生じないのであるから、第三者がこれに付き利害関係を有するとして参加させる必要は存しない」ことにある[2]。

---

(1)　ＮＢＳ 230頁以下。
(2)　兼子・判例 380頁。

しかし、この見解に対しては、判決主文中の判断であれ、判決理由中の判断であれ、判決効拡張の対象とならない第三者に対する効果は、法律上のものではなく事実上のものにすぎないのであるから、補助参加人たるべき者が当事者となる後訴で参考にされるおそれがあるのは、判決主文中の訴訟物についての判断に限定されるべきではない、との反対説が存在する[3]。

また、通説は、補助参加人が訴訟物についての判断に利害関係を持つかどうかは、判決理由中の判断に依存するため、通説のいう「主文中の判断」には、「主文の判断を導く論理的前提たる判決理由」も含まれていると指摘する文献もある。具体的には、債権者が債務者に対する訴訟において、債権者に債権を譲渡した者が債権者が敗訴した場合に損害賠償を請求されることを慮って補助参加する場合の利益は、「厳密にみれば、その争点及び債権者の敗訴の理由が債権譲渡時の債権の存在に関する場合にのみ認められるにすぎない」からである[4]。〔問題〕(2)におけるＸＹ間の訴訟にＺがＹ側に補助参加した場合、通説によれば、補助参加の利益が認められるが、その場合の利益も、ＸのＹに対する本件建物所有権に基づく建物退去請求権の存在を理由付ける、Ｘの本件建物の所有権の存在の判断が、Ｚの法的地位に事実上の影響を及ぼすために基礎付けられる。

さらに、通説は、判決主文における訴訟物についての判断が、補助参加人を当事者とする将来の訴訟においてその法律上の地位を裁判所が判断する上で事実上不利に参考にされることが、補助参加の利害関係を基礎付けるとしていた[5]。しかし、有力説は、〔問題〕(3)を例に、後のＸＹ間の訴訟における保証債務の有無の判断は事実を法的に適用して判断されなければならない以上、前訴の主文におけるＸＺ間の主債務の存在の判断自体が直接後訴裁判所の判断に影響を持つのではなく、前訴裁判所が一定の証拠から主債務の成立原因事実を認定したという間接事実が、後訴裁判所の判断に影響を及ぼすと述べる。そし

---

(3) 井上治典「補助参加の利益」同『多数当事者訴訟の法理』（弘文堂、1981 年）77 頁以下（初出 1970 年）を参照。

(4) 高田裕成「判例批評」リマークス 4 号（1992 年）151 頁。

(5) 「判決の証明効」などと呼ばれる。山木戸克己「判決の証明効」同『民事訴訟法論集』（有斐閣、1990 年）145 頁。

て、これは、前訴の主文中の判断ではなく、理由中の判断である、と述べる[6]。

　このように、通説に対しては根本的な疑問が提起されている。しかし、有力説のように、判決理由中の判断の事実上の影響力により補助参加の利益を基礎付けることは、補助参加を許す第三者の範囲を際限なく広げてしまう可能性がある。このように、係属中の訴訟との利害関係の薄い第三者による補助参加を許すと、被参加人にとっては自らの独立した訴訟追行の自由が害されるし、相手方にとっても、参加人といういわば援軍を得た被参加人との武器対等が図られず、また、裁判所にとっても訴訟関係が複雑となり審理の遅延が生じうる。このため、この見解は現在においても通説となりえていない[7]。

3　参加的効力の制度目的とその範囲

　補助参加に係る訴訟の裁判は、原則として、補助参加人にもその効力を生じる（46条）。この判決効は、既判力とは異なる参加的効力であると解するのが判例・通説である。参加的効力は、被参加人と補助参加人が互いに協力して訴訟を追行して判決の基礎の形成に影響を与えて判決を受けた以上、被参加人と補助参加人間の後訴において、補助参加に係る訴訟の確定判決の判断が不当であるとの主張を封じ、敗訴の責任を共同負担させるためにあるとされる[8]。この理解によれば、〔問題〕(1)におけるＸＹ間の保証債務請求訴訟において、ＺがＹ側に補助参加したにもかかわらず、Ｘの請求を認容する判決が確定した後、ＹがＺを被告として求償請求の訴えを提起した場合、この訴訟において、前訴における判決理由中の判断のうち「判決の主文を導き出すために必要な主要事実に係る認定及び法律判断など」（最判平成14・1・22判時1776号67頁）に参加的効力が生じ、Ｙが参加的効力が生じる旨を援用すれば、Ｚは、ＸＺ間に主債務が存在するとの前訴の判断と矛盾する主張をすることは許されないことと

---

(6)　以上について、伊藤674頁以下。伊藤眞「補助参加の利益再考」民事訴訟雑誌41号（1995年）4頁以下。

(7)　通説を支持する論考として、笠井正俊「補助参加の利益に関する覚書」『井上治典先生追悼論文集・民事紛争と手続理論の現在』（法律文化社、2008年）215頁。

(8)　ＮＢＳ232頁。

なる。

　ところで、参加的効力は、第三者が係属中の訴訟に補助参加した場合だけでなく、当事者が訴訟係属中に訴訟の結果について利害関係を有する第三者に対して訴訟告知（53条）をした場合にも生じる。なぜなら、被告知者は、訴訟告知により判決の効力については補助参加人と同一の地位に置かれるからである（53条4項）。したがって、訴訟告知を受けた第三者に対して参加的効力を及ぼすためには、その第三者が係属中の訴訟において補助参加の利益を有することが前提となる[9]。〔問題〕(2)①におけるＺＹ間の本件建物賃料支払請求訴訟においては、Ｙが前訴の係属中にＺに訴訟告知をした場合、Ｚが係属中の訴訟においてＹ側に現実に補助参加したか否かにかかわらず、仮にＺがＹ側に補助参加した場合には補助参加の利益が認められる以上、参加的効力が生じる（最判昭和45・10・22民集24巻11号1583頁参照）。

　以上のとおり、通説は、参加的効力を被参加人および訴訟告知者のための制度として理解していることがわかる。通説が補助参加人や被告知者にとって有利な参加的効力の発生を認めないのは、補助参加人や被告知者は、係属中の訴訟に補助参加し被参加人を勝訴させることによって、後の被参加人との訴訟において事実上の不利益が生じることが防止されるので、このことで補助参加の目的は達成されたと理解されているからであろう[10]。

　しかし、このような措置のみで、果たして補助参加人や被告知者の利益保護にとって十分であろうか。たとえば、〔問題〕(2)②において、ＹがＸは本件建物の所有者でないとの理由で勝訴したにもかかわらず、ＺがＹを被告として本件建物の賃料支払請求の訴えを提起した場合に、通説によれば、Ｙが本件建物の所有者はＸであるとの前訴の判断と矛盾する主張をすることは許されることになる。冒頭で述べたとおり、第三者が、補助参加人として、自ら訴訟上の請求を定立せず、当事者の一方を勝訴させることにより、間接的に自らの利益を保護することが補助参加制度の目的であるならば、このような訴えが提起され

---

(9)　ＮＢＳ 233頁。
(10)　なお、訴訟告知を告知者のためだけでなく、被告知者のための制度であると理解されるのが通例であるが、その場合の「被告知者のための訴訟告知」とは、補助参加の利益を有する第三者に参加の機会を与えることのみを意味し、参加的効力のことまでは念頭に置かれていない。

た場合に、前記のＹの主張を参加的効力により遮断することによってはじめて、ＺがＸＹ間の訴訟に補助参加した目的が果たされるのではないだろうか。そこで、46 条の判決効を、「被参加人に対する関係で、補助参加訴訟の結果として示される判断と矛盾・抵触する判断がなされることで、自己の法的地位が覆されることのないよう、当該判断の内容が法的に保持されることを保障するもの」として位置付け、補助参加人および被告知者にとって有利にも及ぼすべきであると主張する少数説が近時主張されている[11]。

4　補助参加の利益と参加的効力の関係

　以上の考察から、通説が補助参加の利益と参加的効力の範囲を関連付けて論じないのは、補助参加と参加的効力の制度目的を異なるものと解しているからであることが明らかとなった。すなわち、通説によれば、補助参加の制度は、被参加人を勝訴させることにより補助参加人の利益を保護するために存在するのに対して、参加的効力の制度は、被参加人が敗訴した場合にも補助参加人との後訴において被参加人の利益を保護するために存在する。

　しかし、前述の少数説のように、参加的効力の制度目的を、補助参加の制度目的の実効化にあると捉え、参加的効力を補助参加人にとって有利にも及ぼすことを認めるならば、話は別である。この見解によれば、例えば、〔問題〕(2)のＸＹ間の訴訟において、ＺがＹ側に補助参加する利益は、Ｚの補助参加により、ＸＹ間の訴訟における「判決主文の判断を導く論理的前提たる判決理由」である、「本件建物の所有者がＸである」との判断を防ぐことができることから基礎付けられる。そして、Ｚが補助参加してＹを「本件建物の所有者がＸでない」との理由で勝訴させた結果、Ｚは後の〔問題〕(2)②におけるＺＹ間の本件建物賃料請求訴訟において事実上の不利益を受けることを回避できたにもかかわらず、ＺがＹを被告として当該訴えを提起した場合に、Ｙが「本件建物の所有者がＸである」との主張をした場合には、ＺがＸＹ間の訴訟に補助参加し

---

(11)　福本知行「補助参加訴訟の判決効について」民事訴訟雑誌 61 号（2015 年）185 頁以下、187 頁。

た意味がなくなる。そこで、Ｚが補助参加した目的が実効化されるために、Ｚ
Ｙ間の訴訟においては、Ｙが、「本件建物の所有者がＸである」との主張をす
ることは参加的効力により許されないこととなる。このように、この見解によ
れば、補助参加の利益は、被参加人と相手方の「訴訟の結果」とりわけ「判決
主文の判断を導く論理的前提たる判決理由」中の判断を前提に、実体法的な論
理を展開すれば、参加人の法的地位に、被参加人との関係で事実上不利な影響
が生じることにより基礎付けられる。そして、後続の参加人・被参加人間の訴
訟の裁判所が、参加人の補助参加の利益を基礎付けた、被参加人・相手方間の
「訴訟の結果」とりわけ「判決主文の判断を導く論理的前提たる判決理由」中
の判断に拘束されることによって、参加人の補助参加の目的は実効化される。
このように、少数説によれば、補助参加の利益と参加的効力を関連付けて説明
することが可能となる。

5　〔問題〕(3)の事例において補助参加の利益を認めることは妥当か？

　それでは、少数説によれば、〔問題〕(3)の事例において、ＹがＺ側に補助参
加したにもかかわらず、Ｚが敗訴した場合の判決効が、Ｙに及ぶのであろうか。
この場合、参加人Ｙの補助参加の利益を基礎付ける後訴、すなわち、係属中の
ＸＺ間の訴訟において仮にＹが補助参加をしなかった場合に事実上不利益を受
けた後の訴訟は、参加人Ｙと被参加人の相手方であるＸとの間の訴訟である。
少数説は、通説と同様に、参加人と相手方の訴訟において、補助参加訴訟の判
決効を認めない[12]。なぜなら、Ｙは、被参加人であるＺに対して従属的地位
しか持たない補助参加人として、ＸＺ間の訴訟に関与しているにもかかわらず、
判決効をＹの不利に及ぼすことは困難であり、それゆえ、武器対等の原則の観
点から、Ｘの不利に、すなわち、Ｙの有利に及ぼすことも困難であるからであ
る[13]。したがって、この見解によれば、〔問題〕(3)の事例では、通説と同様に、

---

(12)　もっとも、〔問題〕(3)の事例において、ＸＺ間の前訴にＹのＺ側への補助参加を許した上で、
　　その前訴判決の争点効ないし既判力が、ＸＹ間の後訴に拡張されるとする有力説も存在する。新
　　堂幸司「参加的効力の拡張と補助参加人の従属性」『訴訟物と争点効(上)』(有斐閣、1988年) 227
　　頁（初出1969年）、井上「判例批評」・前掲注(3)376頁（初出1971年）、松本＝上野810頁。

Ｙの補助参加の利益は肯定されるが、Ｙが補助参加した訴訟の判決効は、ＸＹ間すなわち補助参加人と相手方間の訴訟には生じず、事実上の影響しか生じない[14]。このように、この見解によっても、補助参加人に参加的効力が及ばない事例においても補助参加の利益があることが承認されており、この限りでは、補助参加の利益と参加的効力は関連付けられない。

　しかし、補助参加の利益の有無を判断するための基準となる後訴において、参加的効力の発生を想定できない場合にまで、補助参加の利益を認めることにそもそも合理性はあるだろうか。2で述べたとおり、補助参加の利益に関する有力説は、係属中のＸＺ間の主債務履行請求訴訟において、前訴裁判所が一定の証拠から主債務の成立原因事実を認定したという間接事実が、後訴裁判所の判断に影響を及ぼすにすぎないと述べる。したがって、仮にＸＺ間の訴訟のＺ側にＹが補助参加をしてＺを勝訴させたとしても、後のＸのＹに対する保証債務履行請求の後訴では、Ｘは前訴判決の判断に反してＸＺ間の主債務の存在を主張することは許され、後訴裁判所も、自由心証主義のもと、前訴裁判所の事実認定の結果を自らの事実認定のための証拠原因の１つにできるにすぎない。この程度の影響しか後訴に及ぼさないにもかかわらず、係属中の前訴においてＹに補助参加を許す必要はない[15]。

　このように、少数説の考え方をさらに徹底させると、補助参加人が被参加人とその相手方間の訴訟の被参加人側に補助参加をする利益は、後の補助参加人・被参加人間の訴訟において参加的効力が及びうる場合にのみ認められるとすることも可能ではないだろうか。すなわち、この立場によれば、補助参加の利益は、仮に第三者が補助参加した場合の「訴訟の結果」とりわけ「判決主文の判断を導く論理的前提たる判決理由中の判断」について、「第三者が補助参

（13）　既判力が第三者に拡張される場合にのみ、その第三者が係属中の訴訟に共同訴訟的補助参加人として参加でき、被参加人の請求についての処分行為を阻止する権能が与えられることと対比すれば、本文で述べたことは容易に理解できるであろう。

（14）　福本・前掲注(11)186頁以下。

（15）　なお、この有力説に従って、株主代表訴訟における会社の被告側への補助参加を認めたと思われる判例として、最決平成13・1・30民集55巻1号30頁がある。ただし、その後、この措置は会社法849条に明文化されたため、一般的な事案についてもこの有力説に従って説明する必要性は失われたと評価すべきである。

加した訴訟の判決確定後に想定される第三者と被参加人間の訴訟において参加
的効力が生じうることにより」、第三者の法的地位に影響が生じる場合に認め
られることになろう[16]。

6　まとめ

　以上の考察をまとめると次のようになる。すなわち、通説に従えば、補助参
加の制度目的と参加的効力の制度目的は異なるものであると理解されているた
め、補助参加の利益と参加的効力の範囲は、それぞれ関連せずに独自に決めら
れる。しかし、参加的効力の制度目的を補助参加の制度目的の実効化にあると
して、前訴における補助参加人と被参加人間の後訴に参加人に有利な参加的効
力を及ぼすことを認める少数説に従うと、補助参加の利益と参加的効力を関連
付けて説明することが可能となる。さらにこれを手がかりに、補助参加の利益
の判断基準を再検討することも可能である。

〔関連問題〕
　(1)　Y会社の運転するバスの乗客Xは、Yを被告として、バスの衝突事故に
より生じた不法行為に基づく損害賠償を求める訴えを提起した。この訴訟の係
属中に、同じバスの乗客であったZが、当該事故におけるYの過失の有無につ
いて争うために、Y側に補助参加することはできるか。
　(2)　XがYを被告として、AがYに建築させた家屋にYの注文により本件家
具を納入したが、代金が支払われないことを理由に、Yに対する本件家具の代
金支払請求の訴えを提起した。これに対して、Yは本件家具を注文したのはA
であると主張し争った。そこで、XがAに対して訴訟告知した。これに対して、
AはX側に補助参加をしなかった。その後、Xの請求は、本件家具の注文者は
Aであると認定されたため棄却され、この判決が確定したので、Xは、Aを被
告として本件家具の代金支払請求の訴えを提起した。この場合、Aは、本件家

---

(16)　補助参加の要件と効果の関連性に着眼した最近の論考として、伊藤隼「補助参加制度の機能
　　に関する一考察(1)」法協137巻7号（2020年）1003頁。

具の注文者は Y であると主張することは許されるか。

〈参考判例〉

　東京高決平成 20・4・30 判時 2005 号 16 頁、最判平成 14・1・22 判時 1776 号 67 頁。

※　補助参加の利益は、判決中の判断を前提に、実体法的な論理を展開すれば、第三者の法的地位に事実上の影響が生じるか否かにより判断されるが、判決中の判断と第三者の法的地位の間にどのような実体法上の論理関係があれば、補助参加の利益があると認められるのかについても考えなさい。勅使川原 228 頁以下を参照。

[付記]　本研究は、ＪＳＰＳ科研費 20K01398 の助成を受けたものである。

第 13 章
上訴の不服

鶴田　滋

〔問題〕

(1)　XがYを被告として民法770条1項1号を理由として離婚の訴えを提起したが、Xの請求は棄却された。この判決に対して、YがXを被告として民法770条1項5号を理由とする離婚の反訴を提起するために控訴した。この場合、控訴は適法であるか。

(2)　XがYを被告として、売買代金支払請求権全体が1000万円であることを明示せずに、そのうちの300万円の支払いを求めて訴えを提起したが、Xの請求は全部認容された。この判決に対して、Xは、残部である700万円の支払請求権も訴訟対象とし、請求を拡張するために控訴した。この場合、この控訴は適法であるか。

(3)　XがYを被告として、ある不動産の所有権がZに帰属することの確認の訴えを提起したが、Yは請求棄却判決を求めていたにもかかわらず、その訴えは確認の訴えの利益がないとして却下された。これに対して、Yは、訴え却下判決ではなく、原告の主張する権利関係の不存在の確認を命じる請求棄却判決を求めて控訴した。この場合、この控訴は適法であるか。

1 問題の所在

上訴要件の1つに上訴の不服が存在しなければならないことについては、現在争いはない。しかし、どのような内容の不服が存在すれば上訴要件を充たし、その他の上訴要件を全て満たした場合には上訴が適法となるのかについては、学説上争いがある。本章では、上記の事例問題を用いながら、この学説の対立状況を紹介し、私見を述べる。

2 形式的不服説

現在の通説は、形式的不服説を採る。この見解によれば、形式的不服とは、原審における当事者の申立てと、その申立てに対して与えられた原審の裁判との差である、と定義される[(1)]。例えば、1000万円の貸金返還請求訴訟において、700万円が認容され、その余が棄却された場合に、原告にとっては300万円の部分についての請求認容判決の申立てが、被告にとっては700万円の部分についての請求棄却判決の申立てが排斥されたことによって不服が生じる、とする。このように、形式的不服とは、申立ての排斥により基礎付けられる点に特徴がある。したがって、既判力その他の裁判の効力と形式的不服は無関係である。

以上の内容の形式的不服によれば、〔問題〕(1)では、Xの離婚を求める申立ては全部棄却され、Yによる請求棄却の申立ては全く排斥されていないのであるから、Yには形式不服は存在しない。同様に、〔問題〕(2)においても、Xの300万円の売買代金支払請求の訴えが全部認容され、Xの申立ては全く排斥されていないのであるから、Xには形式的不服は存在しない。ただし通説は、これらの場合、例外として不服を認める[(2)]。これに対して、〔問題〕(3)においては、Yの請求棄却の申立てに対して、裁判所はXの訴え却下判決を言い渡すことは、

---

(1) 小室直人「上訴要件の一考察」同『上訴制度の研究』（有斐閣、1961年）1頁（初出1959年）。

(2) 黙示の一部請求の全部認容判決に対して、原告が請求の拡張のために上訴した事案において、上訴の利益があると判断した下級審判例として、名古屋高金沢支判平成元・1・30判時1308号125頁。

Ｙの申立てを一部排斥したにすぎず、それゆえ、この場合には、Ｙには形式的不服が認められる。なぜなら、Ｘの請求が棄却された場合には、同一訴訟物についての再訴は既判力により妨げられるのに対して、Ｘの訴えが確認の訴えの利益を欠くとの理由で却下された場合には、後に確認の訴えの利益が充たされた場合には、同一訴訟物についての再訴は許されるからである。

3　新実体的不服説

　これに対して、形式的不服に対立する概念として、実体的不服が存在する。これは、当事者が上訴審において原裁判より有利な裁判を得る可能性があること、と定義される[3]。実体的不服は、このうち、①原裁判が確定しても有利な裁判を得ることが妨げられない場合と、②当該手続で上訴を認めないと原裁判の効力により有利な裁判を得る可能性が排除される場合に区別される。かつて主張されていた旧実体的不服説は、前述の２つの意味を区別せず用いており、その結果、この説によればいかなる場合においても上訴の不服を認めることになると批判されたが、形式的不服説に対抗する学説として提唱された新実体的不服説は、実体的不服を後者の意味に限定して用いる点に特徴がある[4]。

　例えば、1000万円の貸金返還請求訴訟において、700万円が認容され、その余が棄却された場合に、仮にこの判決が確定すれば、原告にとっては300万円の部分の請求権の不存在について、被告にとっては700万円の部分の請求権の存在について既判力が生じるので、当事者が敗訴した部分について再訴を提起しようとしても既判力により遮断されることになる。新実体的不服説は、この点を捉えて不服が生じる、とする。

　このように、新実体的不服説によれば、不服を認めるべき典型的な事例において不服を認めるべき理由を説明できる。それのみならず、形式的不服説によればその原則からは説明することができず、その例外として特別に不服を認めるべきであるといわれていた事例においても、その不服の存在を根拠付けるこ

---

(3)　小室・前掲注(1)9頁。
(4)　代表的なものとして、上野泰男「判例に現われた形式的不服概念の問題点」『小室直人・小山昇先生還暦記念(上)・裁判と上訴』（有斐閣、1980年）315頁。

とができる。例えば、〔問題〕(1)では、Xの離婚を求める申立ては全部棄却さ
れ、これが確定した場合、XのYに対する関係での民法770条1項1号の法律
要件の不存在について既判力が生じるのみならず、人事訴訟法25条2項に基
づき、この人事訴訟において反訴を提起することにより主張することができた
事実に基づいて同一の身分関係についての人事に関する訴えを提起できないと
いう特別の失権効が生じる。したがって、この場合、当該手続で上訴を認めな
いと原裁判の効力により有利な裁判を得る可能性が排除されるため、Yには不
服が存在する。同様に、〔問題〕(2)においても、黙示の一部請求における確定
判決後の残額請求は許されないとする判例の立場によれば、Xの300万円の売
買代金支払請求の訴えが全部認容されたとしても、この場合にXの上訴を認め
ないと700万円の残部請求について有利な判決を得ることができないことから、
Xに不服が認められる。

　しかし、逆に、新実体的不服説によれば、〔問題〕(3)において、Yの不服を
基礎付けることはできない。なぜなら、訴え却下判決が確定したとしても、再
度Xにより訴えが提起された場合に、Yが請求棄却判決を申し立てることは妨
げられないからである。新実体的不服説を最初に提唱した上野泰男教授も、近
時この点を認めるに至った。そこで、上野教授は、形式的不服も実体的不服も
等しく上訴の不服を基礎付けると改説された[5]。

4　両説の本質的相違

　以上の考察から、学説においては形式的不服説と新実体的不服説との対立が
あるが、現在の学説状況は次の通りであることが明らかになった。すなわち、
通説が形式的不服説に従って上訴の不服の存在を判断するものの、実体的不服
が認められるべき場合には一定の例外を認めており、これに対して、新実体的
不服説に立つ有力説も、実体的不服だけでは上訴の不服の存在を認める事例全
てを網羅することはできないことを認め、一定の場合に形式的不服により上訴

---

(5)　上野泰男「上訴の不服再考」『松本博之先生古稀祝賀論文集・民事手続法制の展開と手続原
　　則』(弘文堂、2016年) 651頁以下。

の不服の存在を基礎付けているという状況にあることが明らかとなった。この
ことに鑑みると、両説の対立は現在では止揚されていると見ることができるで
あろう。それにもかかわらず、私見によれば、形式的不服説と新実体的不服説
には本質的な相違があると考える。

　ところで、上訴とは、未確定の原裁判の取消しまたは変更を上級裁判所に対
して求める当事者の訴訟行為であり、原裁判に対する不服を基礎として上級審
の裁判を求める訴訟上の申立て、と定義される[6]。この定義からすれば、上訴
は、「原裁判に対する不服」の存在を前提とし、その原裁判の取消しまたは変
更を求める申立てであることがわかる。例えば、控訴を行う場合の原裁判とは、
第一審の手続を終結させる終局判決であり、これは、訴訟要件の欠缺を理由と
して訴えを不適法と却下する訴訟判決と、訴訟物についての裁判所の判断を内
容とする本案判決に区別されるが、そのいずれであっても、裁判所がそのよう
な判決をするためには、訴えが提起されていることが前提となる。訴えは、民
事訴訟の基本原則の１つである処分権主義の下、原告により提起され、かつ、
原告の特定した申立事項（訴訟物）についてのみ裁判される。以上から、「原
裁判」をする裁判所は、原告の特定した訴訟物の当否について本案判決をする
か、その判断をするための前提となる訴訟要件の欠缺についての訴訟判決をす
ることに限定される。そのように考えると、形式的不服説に立つ限り、原告の
特定した申立事項（訴訟物）について全部認容する判決は、原告の申立てを全
て認めたことになるので、そもそも「原裁判に対する不服」は生じえないと解
するのが自然である。

　これに対して、新実体的不服説は、当該手続で上訴を認めないと原裁判の効
力により有利な裁判を得る可能性が排除される場合に上訴の利益を認める。こ
の見解によれば、不服の有無の判定基準となる「原裁判」は、「原裁判が仮に
このまま確定した場合に生じる効力」と捉えられ、原裁判に対する申立ての範
囲を超えて確定判決の効力が生じる場合には、その部分のうち、当事者の申立
てに対応しない部分も「原裁判」に含まれる、と解釈されている。この点で、
ここでいう「原裁判」を「原告の特定した申立てに応答する裁判」と捉える形

---

(6)　伊藤713頁。

式的不服説と全く異なる。

　さらに、形式的不服説は、当該審級における当事者の申立てに着目するのに対し、新実体的不服説は、原則として、当該手続全体が終了した時点における裁判の効力に着目する点も、両説の大きな違いである[7]。したがって、新実体的不服説は、当該審級にこだわらず手続全体において審判の対象が当事者により特定されていればよいとの立場を採っていると評価することができる。その結果、この見解によれば、原審において行った自己の申立てを全部認める原裁判があるにもかかわらず、上訴審において新たな本案の申立て、すなわち、請求の拡張・変更や反訴をするために上訴を提起することは、その申立てをしないと自らの不利な判決効が及ぶ場合に限定してではあるが、許されることが原則となる。

5　形式的不服説の再評価

　以上から、形式的不服説と新実体的不服説には本質的な違いがあることが明らかになったが、形式的不服説と新実体的不服説のいずれを支持すべきであろうか。私見は、形式的不服説を貫徹すべきであると考える[8]。その理由は次の2つにある。

　1つは、前述の通り、不服の判定基準となるのは、原審における自らの申立てに対する裁判、すなわち原裁判である以上、上訴の不服の存否は、原審における当事者の申立てを基準に判断せざるをえないと考える。したがって、〔問題〕(1)や〔問題〕(2)のように、当事者の特定した申立事項を超えて判決効が生じる場合に、その判決効により不利益が生じることを理由に、上訴の不服を認めるべきではない。

---

(7)　ただし、新実体的不服説は、原告が第一審判決に対して取消（差戻し）判決を求めて控訴したところ、控訴審がその通り取消差戻し判決をしたが、取消差戻しの理由は、原告に不利なものであったことを理由に、上訴（上告）の利益を認める。その際の根拠とされるのは、「上級審の裁判所の裁判における判断は、その事件について下級審の裁判所を拘束する」と定める裁判所法4条の効力であるとされる（この点の議論については、高橋・重点講義(下)603頁以下）。これは、確定する前の判決の効力であるので、この場面に関しては本文で述べたことは当てはまらない。

(8)　伊藤721頁以下も同旨。

　もう1つの理由は、当該審級における当事者の行為を重視すべきであること
にある。前述の通り、新実体的不服説によれば、〔問題〕(1)や(2)では、反訴や
請求の拡張のために上訴をすることが許される。しかし、そのような申立ては、
原審においても可能であったはずである。それにもかかわらず、反訴や請求拡
張のための上訴を提起し、そのためだけに相手方を上訴審につき合わせ、裁判
所に審理の継続を求めるのは、上訴権を濫用していると評価されても仕方のな
いことだと考えられる。

　ただし、〔問題〕(2)において主張されている債権が不法行為に基づくもので
あり、原審における申立事項を超える損害が発生していることを原審において
予見できない場合はありうる。しかし、この場合にも、判例は、前訴の口頭弁
論終結後に後遺症として顕在化した損害については、前訴確定判決の既判力に
拘束されないとし、再訴を許している[9]。したがって、この場合に上訴の不服
を認めなくとも、後遺症損害についての救済は可能である。むしろ、後遺症損
害についての審判について、両当事者に審級の利益を確保しているため、この
ような措置の方が望ましいと考えられる。

　もっとも、以上の私見に対しては、次のような批判が考えられる。すなわち、
原審における審理の段階では、裁判所が、〔問題〕(1)ではXの請求が棄却され
るとの心証を、〔問題〕(2)ではXによる黙示の一部請求を超える債権が存在す
るとの心証を抱いているかどうかを、当事者は把握できないため、そのような
原判決が下された後に、反訴や請求の拡張をするために上訴を提起するか否か
を判断するための機会を当事者に与えるべきであるとの批判である。しかし、
判決が下されるまで裁判所がどのような心証を抱いているかがわからないとは
いえ、当事者は、裁判官が何らかの方法で開示する暫定的な心証を忖度して、
口頭弁論終結時までに予備的なまたは追加的な申立てをすることは可能である。
また、裁判所は、自らの抱いた心証に合わせて当事者の申立てを変更させる釈
明義務までを負っているとは考えにくい。このように考えると、当事者が裁判
所の心証を予見できなかったことを理由として、新たな申立てを行うための上
訴を許す必要はないと考える。

---

(9)　最判昭和 42・7・18 民集 21 巻 6 号 1559 頁。

6　いわゆる対話続行利益説の評価

　なお、私見と同様に、原審における当事者の行為を重視する見解として、対話続行利益説が主張されている。この見解によれば、「民事訴訟手続における控訴審は、第一審からの連続であり延長ではあるが、第一審で十分な攻防がなされることが期待され、そこで一区切りつけられた後に、改めて訴訟手続を開始するのであるから、無条件でそれが許されるものではなく、控訴審手続を行うことを正当化できるだけの理由が必要であ」り、これを控訴の利益と呼ぶ[10]。この見解によれば、原審において当事者が全部勝訴したか否かにかかわらず、原審における当事者の争い方により、控訴審手続において攻防を続けることを正当化できるか否かにより、控訴の利益を判断する。例えば、原審で欠席し答弁書の提出もしなかった被告が控訴する場合、控訴審の第1回口頭弁論期日に先立って、原告の請求に対する答弁書を提出するなり、第1回期日でその答弁をするなりして、控訴提起者の行為義務を果たすべきであり、その者が特段の事情もなくこの義務を果たさなかった場合には、控訴の利益を欠くとして却下される[11]。この見解に対しては傾聴すべき点もあるが、この見解は、前に引用したとおり、上訴の利益の捉え方が従来の理解と異なっており、伝統的な見解によれば上訴の利益の問題として扱われるべきでない問題領域を、上訴の利益の問題に取り込んでいる点に疑問がある。私見によれば、上訴の利益は、当事者の申立てに応答する原裁判を、上訴審において、原審において当事者が行った申立て通りの裁判に変更する可能性があるか否かにより、定型的に判断されるべきである。対話続行利益説が述べるような、原審における当事者の具体的な攻撃防御方法の提出態度に対する評価は、上訴権の濫用や信義則違反などの具体的な訴訟行為に対する個別的な評価の方法によって対応すべきである。

（10）　井上治典「『控訴の利益』を考える」同『民事手続論』（有斐閣、1993 年）171 頁（初出 1985 年）。

（11）　井上・前掲注(10)190 頁以下。

7　おわりに

　本章では、上訴の不服をめぐる 2 つの代表的見解である、形式的不服説と新実体的不服説には、本質的な違いがあることを明らかにしたうえで、形式的不服説を徹底させるべきであるとの私見を述べた。新実体的不服説が有力化し、形式的不服説がそれに影響を受けていた背景には、関連する紛争はできる限り 1 回の訴訟で解決すべきであるとの、戦後民事訴訟法学において支配的であった訴訟観があったと推測される。これに対して、形式的不服説を貫徹させるべきであるとの私見は、訴訟を迅速に進行させるために第一審を充実させるべきであるとする近時の実務・学説の傾向にも合致すると考える。

〔関連問題〕
　(1)　X は、Y を被告として 1000 万円の売買代金支払請求の訴えを提起した。第一審裁判所は、Y は X に 700 万円の支払いを命じ、その余の請求を棄却する判決を言い渡した。この後、X のみが自らの控訴期間内に上訴を提起した。この場合、Y は自らの控訴期間を徒過した後であっても不服申立てをすることはできるか。
　(2)　X は、Y を被告として 2000 万円の損害賠償請求の訴えを提起した。第一審裁判所は、X の請求を全部認容し、Y は X へ 2000 万円の支払いを命じる旨の判決を言い渡した。その後、Y は自らの控訴期間内に控訴を提起した。この場合、X は、自らの請求を 3000 万円の損害賠償請求に拡張するために、控訴を提起することはできるか。

※　附帯控訴に関する問題である。このうち(1)は、附帯控訴の制度趣旨を問うものであり、(2)は、不服を有しない当事者が請求を拡張するために行う控訴は適法であるかを問うものである。参考文献としては、越山和広「一部請求と控訴の利益」『上野泰男先生古稀論文集・現代民事手続の法理』（弘文堂、2017 年）427 頁。

第14章
送達の瑕疵と救済方法

岡庭幹司

〔問題〕

　Ｘは、住所地である横浜市保土ケ谷区○○において、配偶者Ａ、子Ｂおよび親Ｃと同居している。現在、Ｘは40歳、Ａは35歳、Ｂは6歳、Ｃは70歳である。

　Ｃは、2年前に初期のアルツハイマー型認知症と診断されたため、Ｘが郷里から呼び寄せて同居を始めた。Ｃは、日常会話をしたり、自分の名前を書いたりする程度のことはできるので、現在でも初めて会った人や短時間しか接しない人には認知症とは全く判らない。しかし、物忘れがひどく、1時間前に食事をしたことすら忘れてしまうことがあるため、同居により長時間接することとなったＡには大きなストレスがたまっていた。

　Ａは、Ｃの介護でたまったストレスを解消するために高価な買物をしたいと考え、Ｘに無断で、Ｘの認め印と健康保険証のコピーを使用して、信販会社であるＹ株式会社（以下、単に「Ｙ」という。）にクレジットカードの発行を申し込んだところ、Ｙは、Ｘ名義のクレジットカードを発行した。そこで、Ａは、やはりＸに無断で、上記クレジットカードを用いて、Ｙの特約店であるＺから、インターネット通信販売サイトを通じて、代金300万円の高級ブランド腕時計

（以下「本件腕時計」という。）をX名義で購入した。本件腕時計は、宅配便によって配達され、Aが受領した。しかし、決済口座として指定されていたXの銀行預金口座の残高が不足していたため、クレジットカード利用代金は引き落とされなかった。

そのため、Yは、Xの委託に基づいて本件腕時計代金300万円をZに立替払いした旨主張して、Xに対し、立替金300万円および遅延損害金の支払いを求める訴えを横浜地方裁判所に提起した。その訴状副本、第1回口頭弁論期日呼出状および答弁書催告状（以下「本件訴状等」という。）はXの住所地宛に送達されたところ、その送達報告書には、Xの同居者としてAが受領した旨のAの署名がある。上記訴えに係る訴訟の第1回口頭弁論期日においては、被告X欠席のため、原告Yの主張する事実をXにおいてすべて自白したものとみなされ、口頭弁論が終結された。翌週、裁判所はYの請求を全部認容する旨の判決を言い渡した。判決書に代わる254条2項の調書の謄本は、まずは交付送達が試みられたものの奏功せず、就業場所も不明であったため、結局、書留郵便に付して発送する方法によってXに対して送達された。しかし、この書留郵便は、X宅不在で配達することができず、留置期間経過により裁判所に返送された。

その後、Yは上記判決に基づいてXの所有する不動産に対する強制競売を求める申立てをし、これが認められ、強制競売の開始決定がXに送達された。この送達を受けて、初めて、Xは、Yから自己に対して立替金の支払いを求める訴えが提起されていたことを知った。XがAに問い質したところ、横浜地方裁判所から送られてきた本件訴状等は、Xの留守中にAが受領し、Xに知られることを怖れたAは、これらをXに渡さずに、破棄してしまった旨、説明した。なお、上記クレジットカードの発行に際しても、本件腕時計の購入に際しても、Xが電話等で直接確認を受けたことはなかった。

以上の事実関係の下、Xから相談を受けた弁護士としては、Xを救済するために、どのような手段をとるべきか、論じなさい。仮に、本件訴状等を受領したのがBまたはCであったとすればどうか（それに照応して送達報告書に記載されている受領者の氏名もBまたはCとし、同人は送達の趣旨を理解せず本件訴状等をXに交付しなかったものとする。）。

1　はじめに

　本問は、最判平成 4・9・10 民集 46 巻 6 号 553 頁（以下「平成 4 年最判」という。）および最決平成 19・3・20 民集 61 巻 2 号 586 頁（以下「平成 19 年最決」という。）をモデルとして、訴状の送達に瑕疵のあった場合の救済方法について検討を求めるものである。

　送達とは、当事者その他の訴訟関係人に対し訴訟上の書類の内容を了知させるために法定の方式に従って書類を交付しまたは交付を受ける機会を与え、かつ以上の行為を公証する、司法機関の訴訟行為である。訴状（138 条 1 項）および判決書（255 条）といった重要な書類については、送達という厳格な方式によることが要求されている[1]。訴状の送達は、訴訟手続関与の機会を被告に与える重要な意味を持つ[2]。

　わが国の民事訴訟法は職権送達主義を採用しており（98 条 1 項）、送達事務取扱者は裁判所書記官である（同条 2 項）。通常は、郵便の業務に従事する者が送達実施機関となり郵便によって送達される（99 条）。送達は、送達を受けるべき者（以下「受送達者」という。）に送達すべき書類を交付してするのが原則である（101 条）。送達をすべき場所において受送達者に出会わないときは、「使用人その他の従業者又は同居者であって、書類の受領について相当のわきまえのあるもの」に書類を交付することができる（106 条 1 項）。これを補充送達という。受送達者または補充送達を受けるべき者が正当な理由なく受領を拒絶したときには、差置送達が可能である（106 条 3 項）。不在等によりこれらの方法によって送達することができない場合には、書留郵便等に付する送達（107条）の方法によるが、この場合には、発送時に送達の効力が生ずる（同条 3 項）。住所、居所その他送達をすべき場所が知れない場合には、公示送達（110 条以

---

(1)　なお、期日の呼出につき、94 条参照。これに対して、準備書面（ＮＢＳ 110 〜 111 頁）の裁判所への提出および相手方への直送はファクシミリによる送信も可能である（規 3 条・47 条）。旧民事訴訟法 243 条 1 項は「準備書面は之に記載したる事項に付相手方が準備を為すに必要なる期間を存し之を裁判所に提出し裁判所は之を相手方に送達することを要す」と規定していたが、現行法は送達という厳格な方式によるべき場合を限定した。
(2)　当事者権につき、ＮＢＳ 42 頁参照。

下）による[3]。

　本問では、訴状の送達が補充送達の方法によってなされ同居者が受領したものの、実際には受送達者に交付されず、自らに対して訴訟が提起されていることを知らないままに敗訴判決を受けた者の救済方法が問われている。また、本問では、判決の送達が書留郵便等に付する送達の方法によってなされており、この場合には上記のとおり発送時に送達の効力が生ずるため、そもそも救済が可能かどうかも問題となる。

　一般に、自らに対して訴訟が提起されていることを知らないまま敗訴判決を受けた当事者の救済方法として、まず、判決が未確定の段階であれば、上訴が考えられる。上訴は判決の送達を受けた日から起算して２週間の不変期間内に提起しなければならない（285条）が、もし判決の送達が無効であれば、そもそも上訴期間がスタートしていないため、判決言渡しから相当長期間経過した後であっても上訴可能な場合はありえよう[4]。また、当事者がその責めに帰することができない事由により不変期間を遵守することができなかった場合には、上訴の追完による救済が考えられる。ただし、追完には事由消滅後１週間以内という厳しい期間制限がある（97条）。次に、判決確定後であれば、再審が考えられる。再審とは、確定した終局判決に対して、法定の事由（338条１項各号の再審事由）を理由として、その判決を取り消し、事件についての再度の審判を行うことを求める、非常の不服申立て方法である[5]。第三者の可罰行為によって自白した場合または判決に影響を及ぼすべき攻撃防御方法の提出を妨げられた場合の救済は、338条１項５号を事由とする再審の訴え（以下「５号再審」という。）によることが考えられる[6]。しかし、そもそも可罰行為が介在しない場合（例えば本問でＢまたはＣが訴状を受領した場合）には５号再審の方法を用いることができず、また、可罰行為がある場合においても、刑事有罪確定判決等を要求されること（338条２項）がハードルとなろう[7]。そこで、同項３

---

(3)　送達につき、ＮＢＳ 67 ～ 68 頁参照。

(4)　仙台高判平成 5・12・27 判時 1496 号 100 頁（後掲注（16））は、判決正本の補充送達が無効であり、控訴期間の経過はなく、控訴は適法であるとした。

(5)　ＮＢＳ 215 頁以下。

(6)　最判昭和 47・4・28 判時 667 号 29 頁参照。

号を事由とする再審の訴え（以下「3号再審」という。）によることが考えられる。判例は同号を拡張的に解釈しており、近時は「確定判決の効力を及ぼすことが手続保障の観点から看過することができない場合」（最決平成25・11・21民集67巻8号1686頁）にこれに当たるとしたものがある。なお、代理権欠缺を理由とする3号再審は期間制限を受けないというメリットがある（342条3項）。もっとも、再審事由がある場合でも上訴によって主張可能であったときは再審は許されない（338条1項柱書ただし書。これを再審の補充性という。）。そのほかに、訴状の送達に瑕疵がある場合には、そもそも訴訟係属が生じていないから、判決がなされても無効である、との立論も不可能ではない。判決無効確認の訴えは判例（最判昭和40・2・26民集19巻1号166頁）によって不適法とされたが、判決の無効を前提として債務不存在確認の訴えを提起することは考えられよう[8]。以上のほか、実体法的手段として、故意または過失によって応訴を妨げた者に対して損害賠償請求をするという救済方法も考えられる[9]。

2 子供に書類が交付された場合について

平成4年最判は、本問のBに訴状の補充送達がなされた場合と類似する事案（判決の送達は本問のAに相当する者に補充送達の方式でなされた事案）において、3号再審を認めた。まずはこの判例を手掛かりとして、本問のBに書類が交付された場合のXの救済の可否を検討してみよう。

(1) 補充送達の受領能力について

旧々民事訴訟法[10]145条1項は「送達ヲ受ク可キ人ニ住居ニ於テ出会ハザルときは其住居ニ於テスル送達ハ成長シタル同居ノ親族又ハ雇人ニ之ヲ為スコトヲ得」と規定していた。同項にいう「成長シタル」者につき、大判大正14・

---

(7) 青山善充「演習」法教131号（1991年）121頁は、配偶者を告訴し有罪判決を得ることを要求するのは現実的でないと指摘する。
(8) 山本弘「送達の瑕疵と判決の無効・再審」法教337号（2012年）112頁、115頁。
(9) 最判平成10・9・10判時1661号81頁参照。
(10) 民事訴訟法の沿革につき、ＮＢＳ12頁参照。

11・11民集4巻552頁は、「已に幼児の齢を超えたる者にして且つ送達の何たるを了解し宛名人に当該書類を伝達するの事に任へたりと認め得らるる者を云う」と解して、13歳11か月余の女子の補充送達受領能力を肯定した。大正15年改正後の旧民事訴訟法171条1項は「事務員、雇人又は同居者にして事理を弁識するに足るべき知能を具ふる者」に補充送達をすることができる旨規定していた。平成4年最判は、「事理を弁識するに足るべき知能を具ふる者」とは「送達の趣旨を理解して交付を受けた書類を受送達者に交付することを期待することができる程度の能力を有する者をいう」と解して、7歳9か月の女子の補充送達受領能力を否定した。現行民事訴訟法106条1項は「使用人その他の従業者又は同居者であって、書類の受領について相当のわきまえのあるもの」と定めるが、法文の現代語化の観点から表現ぶりが変更されただけであって、実質改正が加えられたものではないので、平成4年最判の解釈は現行法下においても妥当するものと解される[11]。

　この基準に照らすと、6歳である本問のBは「書類の受領について相当のわきまえのあるもの」に当たらない。したがって、もしBに対して補充送達がなされたとしても、無効である。

(2) 再審事由の有無について

　訴状の送達が無効であることは再審事由に該当するか。平成4年最判は、「有効に訴状の送達がされず、その故に被告とされた者が訴訟に関与する機会が与えられないまま判決がされた場合には、当事者の代理人として訴訟行為をした者に代理権の欠缺があった場合と別異に扱う理由はないから、民訴法420条〔現行338条〕1項3号の事由があるものと解するのが相当である。」と判示した。つまり、訴状の送達が無効であることに加えて、「その故に被告とされた者が訴訟に関与する機会が与えられないまま判決がされた」ことが相まって、3号の再審事由を構成するとした。判例[12]は、再審事由を限定列挙と解してお

---

(11)　三木素子「判解」最判解民事篇平成19年度(上)（法曹会、2010年）225頁、234頁。

(12)　最判昭和28・10・27裁判集民事10号327頁など。最判昭和37・6・22裁判集民事61号377頁は「再審の訴は、民訴420条1項に列挙された事由がある場合に限り、これを提起し得るものであり……右の事由については……類推解釈ないし拡張解釈は許されない」という。

り、そのこととの整合性を保つためか、「類推適用」という語は周到に避けているが、手続保障を欠いた場合における当事者の救済のために3号を拡張的に解釈しており、平成4年最判もその一例といえよう。

(3) 再審の補充性について

　再審事由があったとしても、判決の送達に瑕疵がない場合に、果たして救済が可能であろうか。再審の補充性に抵触しないかどうかが問題となる。

　平成4年最判の原審は、判決の送達を受けたときにおいて訴状不送達の瑕疵を知ったものとみられるから、その瑕疵の存在を理由とする不服申立ては控訴によってすることができたといわざるをえず、控訴をせず控訴期間徒過後に再審の訴えを提起しても不適法である[13]とした。

　しかし、平成4年最判は、次のように判示して、これを破棄した。すなわち、「民訴法420条〔現行338条〕1項ただし書は、再審事由を知って上訴をしなかった場合には再審の訴えを提起することが許されない旨規定するが、再審事由を現実に了知することができなかった場合は同項ただし書に当たらないものと解すべきである。けだし、同項ただし書の趣旨は、再審の訴えが上訴をすることができなくなった後の非常の不服申立方法であることから、上訴が可能であったにもかかわらずそれをしなかった者について再審の訴えによる不服申立てを否定するものであるからである。」という。

　本問は判決の送達が書留郵便に付する送達の方法によってなされた事例であるが、当事者が再審事由を現実に了知することができなかった場合であることは平成4年最判の事案と変わりがないので、再審の補充性に抵触しないというべきであろう[14]。

---

(13)　高松高判平成2・12・27民集46巻6号568頁以下、570頁。
(14)　三木・前掲注(11)247頁。

3 認知症患者に書類が交付された場合について

(1) 補充送達の受領能力について

前述のとおり、「書類の受領について相当のわきまえのあるもの」とは、「送達の趣旨を理解して交付を受けた書類を受送達者に交付することを期待することができる程度の能力を有する者をいう」と解され、年齢はその判断要素の一つにすぎない[15]から、成人であっても補充送達の受領能力を欠く者は有りえよう。

仙台高判平成5・12・27判時1496号100頁[16]は、従前から高血圧症で通院治療を受け、医師から投与される薬を多量に服用するなどして、医師から「高血圧症、健忘症」の診断を受けており、また、精神的に異常な行動を示し、新聞・手紙類を見付けるとゴミと一緒に捨てる性癖を有していた者につき、訴状および判決正本の受領を受送達者に告げたことも、これらを受送達者に手渡しまたは受送達者においてその送達を知りうる状態で保管するなどのこともなかったこと、および、裁判所の尋問に対しても十分な応答ができないことをも踏まえて、書類送達を受けるにつき事理を弁識するに足るべき知能を具うる者ということができないとした。

本問のCも、物忘れがひどく1時間前に食事をしたことすら忘れてしまうことがあるというのであるから、交付を受けた書類を受送達者に交付することが期待できず、「書類の受領について相当のわきまえのあるもの」とはいえないであろう。

そうすると、Cに書類が交付された場合も、Bに書類が交付された場合と同様に考えることができる。つまり、Cへの補充送達は無効であり、そのために訴訟手続関与の機会がなかったXは、3号再審によって救済される。

---

(15) 田中豊「判解」最判解民事篇平成4年度（法曹会、1995年）318頁、322頁。
(16) 前掲注(4)。福永有利「判批」別冊ジュリスト135号（消費者取引判例百選）（有斐閣、1995年）12頁参照。

(2)　子供に書類が交付された場合との相違点

Bは6歳であり、「書類の受領について相当のわきまえのあるもの」に当たらないことは外形的・客観的に明らかである。それにもかかわらず、Bに対して補充送達をしたのであれば、実体法上、損害賠償責任が生ずる可能性がある。

これに対して、本問のCは、日常会話をしたり、自分の名前を書いたりする程度のことはでき、初めて会った人や短時間しか接しない人には認知症とは全く判らないというのであるから、送達実施機関および送達事務取扱者には、Cが「書類の受領について相当のわきまえのあるもの」に当たらないことについての予見可能性がない。そうすると、Cへの補充送達が無効であるとして国家賠償請求をしたとしても、過失なしとして、請求は成り立たないであろう。

4　事実上の利害関係の対立のある者に書類が交付された場合について

(1)　補充送達の効力について

Aは、成人であり、認知症を患っているわけでもないが、受送達者たるXとの間に事実上の利害関係の対立があり、AからXへの書類の交付を期待することができない。もし、例えば、甲が同居の配偶者乙に対して提起した離婚訴訟において、乙を受送達者とする書類を甲が同居者として受領した場合のように、同居者が当該訴訟において受送達者の相手方当事者またはこれと同視しうる者に当たる場合であれば、双方代理禁止（民108条）の趣旨に鑑み、同居者には補充送達受領権限がなく送達は無効と解される。しかし、本問におけるXとAとの間の利害関係の対立は事実上のものにすぎない。このような場合の補充送達は有効といえるであろうか。

平成19年最決は、106条1項は同居者等に書類を交付すれば受送達者に対する送達の効力が生ずるものとしており、その後、書類が同居者等から受送達者に交付されたか否か、同居者等が上記交付の事実を受送達者に告知したか否かは、送達の効力に影響を及ぼすものではない[17]から、同居者等と受送達者との間に事実上の利害関係の対立があるにすぎない場合には補充送達として有

---

(17)　最判昭和45・5・22判時594号66頁を引用する。

効である、とした[18]。

(2)　再審事由の有無について

　訴状の送達は補充送達により、判決の送達は書留郵便等に付する送達により、いずれも有効になされているとすると、手続には何らの瑕疵もなく、再審事由が存しないことにならないであろうか。現に、平成 19 年最決の原審および原々審は、いずれも、3 号の再審事由があるとの主張には理由がなく、再審請求は棄却されるべきものと判断した。この見解に立つと、受送達者の救済方法は、5 号再審を別として、上訴の追完によるほかないこととなろう。しかし、追完には 1 週間以内という厳しい期間制限がある。瑕疵のない通常の場合に、従来の訴訟経過を知っている当事者には 2 週間の上訴期間が保障されるのに、訴訟係属を全く知らない当事者には 1 週間の期間しか保障されないというのは不合理である、との批判[19]が妥当しよう。

　平成 19 年最決は、次のように述べて原決定を破棄し、差し戻した。すなわち、「本件訴状等の送達が補充送達として有効であるからといって、直ちに民訴法 338 条 1 項 3 号の再審事由の存在が否定されることにはならない。同事由の存否は、当事者に保障されるべき手続関与の機会が与えられていたか否かの観点から改めて判断されなければならない。〔原文改行〕すなわち、受送達者あての訴訟関係書類の交付を受けた同居者等と受送達者との間に、その訴訟に関して事実上の利害関係の対立があるため、同居者等から受送達者に対して訴訟関係書類が速やかに交付されることを期待することができない場合において、実際にもその交付がされなかったときは、受送達者は、その訴訟手続に関与する機会を与えられたことにならないというべきである。そうすると、上記の場合において、当該同居者等から受送達者に対して訴訟関係書類が実際に交付されず、そのため、受送達者が訴訟が提起されていることを知らないまま判決がされたときには、当事者の代理人として訴訟行為をした者が代理権を欠いた場

（18）　既に、平成 4 年最判は、補充送達の方式でなされた判決の送達を有効として、同旨の判断をしていた。しかし、これは、未確定判決に対して再審を許すという矛盾を回避するためにすぎないとの見方があった。高橋宏志「判批」リマークス 8 号（1994 年）148 頁、151 頁。

（19）　三木・前掲注(11)245 頁。

合と別異に扱う理由はないから、民訴法 338 条 1 項 3 号の再審事由があると解するのが相当である。」という。

　つまり、平成 19 年最決は、送達の効力と再審事由の有無との論理的連関を切り離し、たとえ送達が有効であるとしても、同居者等から受送達者に対して訴訟関係書類が実際に交付されず、そのため、受送達者が訴訟が提起されていることを知らないまま判決がされたときには、3 号の再審事由があるとしたものである。

(3)　平成 19 年最決の評価

　3 号再審を認めた平成 19 年最決の結論は妥当であるが、事実上の利害関係の対立のある者に対する補充送達を有効としたことについては学説から疑問が呈されている。

　夙に、大阪高判平成 4・2・27 判タ 793 号 268 頁は、次のような注目すべき判断をして、補充送達の効力を否定する立場に立っていた。すなわち、「民事訴訟法上補充送達の制度が定められている趣旨は、送達の原則は交付送達であるが、送達の実施に際して受送達者に出会わない場合に、事務員、雇人又は同居者であればその者に送達書類を交付すれば遅滞なく受送達者にこれが届けられることが通常期待されるのでこれらの者にこれを交付することにより送達の効果を承認して、できるだけ迅速な送達という送達制度のひとつの目的を達成するところにあると解すべきであるが、他方確実な送達ということも送達制度の目的の一つであることから考えると、これらの目的の調和のなかに補充送達の効力を検討しなければならない。そして、その検討は実質的な考量に基づいてなすべき〔で〕あり、補充送達を法定代理といった法律概念に枠付けすることによってなされるべきものではない。また、送達の効力の検討に際して、法的安定性を確保するためとして外形からみるべきであると論じることは取引行為ではない送達についての議論としては相当でない。それゆえ、実質的に検討して右の補充送達制度が予定している前提を欠く場合にはその効力を否定すべきであるといわなければならない。そうすると、事務員、雇人又は同居者に対して送達書類の交付があっても、受送達者とこれらの者との間に実質上の利害関係の対立があってその当時の状況からみて送達書類を受領したら遅滞なく受

送達者に届けることを通常期待できる事情にない場合には補充送達の効力を否定すべきである。」という。

　平成 19 年最決が上記の見解を採らずに補充送達の効力を肯定する見解に与した実質的な理由は必ずしも述べられていないが、原審の述べた「送達受領権限の有無は、当該送達の効力に直接結びつくものであるから、それは外形からみて客観的に判定できるものでなくてはならない。〔中略〕受送達者と同居者との間で形式的又は実質的に利害関係が対立しているかどうかといった送達書類受領者の動機や目的に関する事情は、送達機関にとってその存否が明らかでないし、そのような事情の有無によって送達の効力が左右されることは、手続の安定を著しく欠く結果となるのであって、妥当とはいえない」[20]との理由、および、原々審の述べた「日本全国の裁判所における膨大な書類の送達の効力が、受送達者と『同居者ら』との実質的な利害対立関係という、送達実施機関に到底知り得ない事情によって左右されることは送達業務の混乱と停滞を招くと言わなければならない」[21]との理由が考慮されたのかもしれない。

　しかしながら、客観的・外形的に明らかでない事情によって送達の効力が否定されると手続の安定が害されるとの理由付けに対しては、結局再審を認めるのであれば手続の安定は覆されるのであって、法的安定性の尊重の必要性を補充送達有効説の根拠とすること自体が背理である[22]。また、もし補充送達が違法と評価され国家賠償請求を受けるおそれがあるとすると、送達事務取扱者および送達実施機関は送達に際して受送達者と同居者との間の事実上の利害対立の有無を調査しなければならなくなり、送達事務が渋滞し機能不全に陥る懸念があるとの理由付けに対しては、国家賠償請求権を生じさせるという意味での違法性は認められないが、原告と被告との間における訴訟係属または判決確定の要件としての送達としては違法であり無効であるとして、違法概念の相対性を承認すれば足りるとの批判がある[23]。さらに、もし平成 19 年最決のような補充送達有効説に立つと、本問の事例とは逆に、訴状の送達は書留郵便に付

---

(20)　東京高決平成 18・8・23 民集 61 巻 2 号 604 頁以下、608 ～ 609 頁。

(21)　横浜地川崎支決平成 18・5・12 民集 61 巻 2 号 596 頁以下、598 頁。

(22)　山本弘「送達の瑕疵と民訴法三三八条一項三号に関する最近の最高裁判例の検討」『青山善充先生古稀祝賀論文集・民事手続法学の新たな地平』（有斐閣、2009 年）513 頁、522 頁。

する送達により、判決の送達は補充送達により、それぞれなされたという事例については、1週間という厳しい期間制限のある控訴の追完によってしか救済できないこととなるが、本問の事例では期間制限を受けずに再審による救済を受けることができることと比較して、あまりにも落差が大き過ぎるとの問題が生ずる[24]。端的に補充送達を無効とし、平成4年最判と同じ枠組みにより再審を認めるという方法も有りえたのではあるまいか。

5　受送達者の救済方法について

補充送達が有効または無効のいずれであれ、3号再審が可能であるとすると、再審と上訴の追完とのいずれの方法によって救済を図るべきかが問題となる。事由消滅後1週間を経過してしまうと追完は不可能となり再審によるほかなくなるが、その前であれば、当事者は追完または再審のいずれも選択できるとする見解が有力である[25]。訴訟手続関与の機会を奪われていた当事者に救済方法選択の誤りのリスクを負担させるのは相当ではないからである。ただし、目的は同一であるから、追完と再審の両者を同時または順次に申し立てることは許されないとの指摘[26]がある。

では、本問のXから相談を受けた弁護士としては、Xを救済するために、どのような手続をとるべきであろうか。再審による場合には、審級の利益が保障されること、手数料が定額であること[27]といったメリットがある反面、強制執行停止の要件（403条1項1号）が極めて厳しい[28]。これに対して、上訴の

---

(23)　山本弘・前掲注(8)118頁。山本研「判批」明治学院大学ローレビュー8号（2008年）75頁、81頁以下は、送達実施段階における行為規範と、送達の効力が問題となった際の事後的な評価規範とを区別すべきであるとして、同旨を説く。なお、本問において認知症患者Cに書類が交付された場合について検討したとおり、補充送達受領能力を欠くことが客観的・外形的には明らかでない場合もありうると思われ、過失がないから国家賠償請求は成り立たないとの立論も可能ではなかろうか。

(24)　山本弘・前掲注(22)523頁。

(25)　学説の状況につき、柳沢雄二「判批」早法84巻1号（2008年）255頁、270頁参照。

(26)　青山・前掲注(7)122頁。

(27)　費用法・別表第一8項によれば、再審の訴えの手数料は、簡易裁判所に提起するものは2000円、その他の場合には4000円である。

追完による場合には、事件が上級審に移審し、遠方の上級裁判所に赴かなければならないこと、必要的差戻し（307条本文）に該当しないので審級の利益が法律上保障されるわけではないこと、手数料が訴額に応じて定まることなどの点は、再審よりも不利であるが、執行停止の要件は再審と比較して緩やかで足りると解される[29]。

　なお、補充送達を無効とした上で、訴状の送達が無効であるときは訴訟係属が生じていないから判決も当然に無効であると解する見解に立つと、請求異議の訴え（民執35条）によることも不可能ではない（無効な判決であるので同条2項の制限を受けないと解することができる。）。この見解によれば、民執36条1項の要件のもとで執行停止が認められることとなる[30]。

〔関連問題〕

　Xは、Yに対し、時間外勤務手当の支払いを求めて横浜地方裁判所に提起した訴訟（本案訴訟）において、同手当の計算の基礎となる労働時間を立証するために、Yの所持するXのタイムカード（以下「本件タイムカード」という。）が必要であると主張して、本件タイムカードについて、文書提出命令の申立てをしたところ、裁判所は、Yに、本件タイムカードの提出を命じた（以下、この文書提出命令を「原決定」という。）。これに対して、Yは、東京高等裁判所に即時抗告して原決定の取消しを求め、Yは本件タイムカードを所持していないと主張した。Yが提出した即時抗告申立書には、Yが本件タイムカードを所持していると認めた原決定に対する反論が具体的な理由を示して記載され、かつ、原決定時には提出されていなかった新たな書証が引用されていた。しかし、東京高等裁判所は、即時抗告申立書の写しをXに送付するなど、Yから即時抗告があったことをXに対して知らせる措置を、何ら執らなかった。同裁判所は、上記書証をも用い、Yが本件タイムカードを所持していると認めるに足りないと判断して、原決定を取り消し、本件文書提出命令の申立てを却下する決定を

---

(28)　金銭執行の場合には「執行により償うことができない損害が生ずるおそれがある」との要件が充たされないというのが通常の解釈である。高橋・概論67頁。

(29)　青山・前掲注(7)122頁は、仮執行宣言付判決に対し控訴があった場合に準ずるとする。

(30)　高橋・概論67頁。

した。その後、Xは、同決定の決定書正本の送達を受けて、初めて、原決定に対してYから即時抗告がされていたことを知った。

　Xは、上記抗告審において反論の機会がなかったことに不満を持ち、最高裁判所に不服申立てをしたいと考えている。どのような方法によるべきか。

※　本問は最決平成23・4・13民集65巻3号1290頁を素材としたものである。平成27年改正によって民事訴訟規則207条の2が追加され抗告状の写しの送付が必要となったが、仮にこの規定に違反して抗告状の写しの送付がなされなかった場合に、裁判を受ける権利（憲32条）の侵害を理由として特別抗告（民訴336条）をすることはできるであろうか。最決平成20・5・8家月60巻8号51頁参照。

第15章
独立当事者参加における参加人による請求定立／第三者再審

鶴田　滋

〔問題〕

　Y₄は株式会社であるが、その株主であるY₁、Y₂およびY₃（以下「Y₁ら」
と呼ぶ）は、共同してY₄を被告として、Y₄株式会社の解散の訴えを提起した。
Y₄会社は、第1回口頭弁論期日において、請求原因事実をすべて認める陳述
をした。裁判所は、当該期日において提出された書証を取り調べた上で結審し、
その後Y₁らの請求を認容する判決を言い渡した。判決確定後、Y₄会社の株
主であるXが、上記解散の訴えに係る訴訟係属を知らされず、その審理に関与
する機会を奪われたと主張し、再審の訴えを提起したいと思うに至った。この
場合、Xは、①どのような再審事由を主張し、②どのような方法で再審の訴え
を提起することができるか。

1　問題の所在

　対世効の生じる形成訴訟においては、当該訴訟について訴訟追行権（当事者
適格）を有しない第三者であっても、自己にとって不利な判決効（形成力・既
判力）に拘束される場合がある。それにもかかわらず、訴訟追行権を有する当

事者が、相手方と馴れ合いで訴訟追行をしたり、相手方の主張を全面的に争わなかったりしたことを理由に敗訴したならば、当該訴訟において訴訟追行権を有していない第三者は、自己にとって不利益な判決を不当に甘受しなければならないことになりうる。そこで、この第三者が、当該訴訟の判決確定後に再審の訴えを提起することにより自己の利益の保護をできるか否かが問題となる。本章では、このような第三者による再審の訴えが、どのような理由により、またどのような方法で許されるかを検討する。

2 第三者再審の必要性とその再審事由

　既判力の相対性の原則（115条1項1号）は、自らの訴訟行為により判決内容に関与する機会の与えられなかった第三者にその判決効を拘束させるのは不当であるために存在する。しかし、この原則を貫くと、訴訟の対象となった法律関係の性質上、かえって法律関係の混乱や不安定を生じさせることがある。これは、身分関係や団体内部の法律関係に関する事件に当てはまる。たとえば、会社法によれば、「会社の組織に関する訴え」（会社834条）について請求を認容する確定判決は、第三者に対しても効力を有する（会社838条）。しかし、対世効を認めると、逆に手続に関与する機会の与えられなかった第三者の利益保護が問題となる。

　そこで、法律が判決効を第三者に及ぼす場合には、充実した訴訟追行を期待できる者に限定したり、真実に適った事実認定を可能にするために職権探知主義を採用したり（人訴20条など）、第三者による訴訟参加を認めたりしている。しかし、以上のような立法を行ったとしても、第三者が自らが訴訟追行権を有しない事件についての訴訟係属を知らないまま、第三者にとって不利益な内容の判決が確定してしまうことがありうる。そこで、株式会社の取締役等の責任追及訴訟（いわゆる株主代表訴訟）などにおいては、第三者（提訴しなかった株主等）が再審の訴えを提起することが会社法上認められているが（会社853条）、第三者再審が制度上承認されていない事件類型も多く存在する。

　とりわけ、「会社の組織に関する訴え」に含まれる株式会社の解散の訴えは（会社834条20号）、その訴えについて充実した訴訟追行を期待できる株式会社

に被告適格を与えており、かつ、原告以外の株主は解散の請求認容判決が確定することにより不利益を受けるために、被告側に共同訴訟的補助参加人として訴訟参加することができるが、原告以外の株主に対して訴訟告知や訴訟係属の通知が義務付けられているわけでもないため、前述の問題が起こりうる。現実に、「会社の組織に関する訴え」の１つである新株発行の無効の訴え（会社834条２項）において、この訴訟の確定判決の効力を受ける第三者が、当該訴訟の係属を知らず、審理に関与する機会が与えられなかったことが338条１項３号に違反することを理由に、再審の訴えを提起することが許されるのかという問題が生じた。この点について判示した、最決平成25・11・21民集67巻8号1686頁は次のように述べる。

「新株発行の無効の訴えは、株式の発行をした株式会社のみが被告適格を有するとされているのであるから（会社834条２号）、上記株式会社によって上記訴えに係る訴訟が追行されている以上、上記訴訟の確定判決の効力を受ける第三者が、上記訴訟の係属を知らず、上記訴訟の審理に関与する機会を与えられなかったとしても、直ちに上記確定判決に民訴法338条１項３号の再審事由があるということはできない。

　しかし、当事者は、信義に従い誠実に民事訴訟を追行しなければならないのであり（民訴２条）、とりわけ、新株発行の無効の訴えの被告適格が与えられた株式会社は、事実上、上記確定判決の効力を受ける第三者に代わって手続に関与するという立場にもあることから、上記株式会社には、上記第三者の利益に配慮し、より一層、信義に従った訴訟活動をすることが求められるところである。そうすると、上記株式会社による訴訟活動がおよそいかなるものであったとしても、上記第三者が後に上記確定判決の効力を一切争うことができないと解することは、手続保障の観点から是認することはできないのであって、上記株式会社の訴訟活動が著しく信義に反しており、上記第三者に上記確定判決の効力を及ぼすことが手続保障の観点から看過することができない場合には、上記確定判決には、民訴法338条１項３号の再審事由があるというべきである。」

　上記の判例によれば、確定判決の効力を受ける第三者が当該訴訟に関与する

機会が与えられなかったことだけを理由に、338条1項3号の再審事由を充たすわけではないことをまず確認している。その上で、本件訴訟の被告適格を有する株式会社は、第三者の利益に配慮して、信義に従った訴訟活動を行うという訴訟上の義務を負うにもかかわらず、その義務に反した訴訟活動を行った結果、第三者に確定判決の効力を及ぼすことになる場合には、このことは「手続保障の観点から看過することができない」ため、当該確定判決には338条1項3号の再審事由があるとした。

この判決において最も重要なポイントは、株式会社は、第三者の利益に配慮して、信義に従った訴訟活動を行うという訴訟上の義務を負うことが明確にされた点である。前述の通り、法律が対世効を第三者に及ぼす場合には、適切な訴訟追行を期待できる者に訴訟追行権が付与される。この場合の訴訟追行権者は、第三者の訴訟担当者でも法定代理人でもないが、それらに類似して第三者のためにも訴訟追行を行う地位にあるといえる。言い換えると、訴訟追行権者が第三者をいわば代表して第三者のためにも訴訟追行する義務を負うことにより、第三者は自らの利害に関わる訴訟に関与する機会が与えられないことが正当化されている。そうであるならば、訴訟追行権者が第三者の「代表者」にふさわしくない訴訟追行をしたことにより敗訴した場合には、その確定判決の効力を第三者に及ぼすことを正当化することはできない。このことは、当事者となるべき者が訴訟に関与する機会が与えられないまま敗訴した場合と同じ程度に、「手続保障の観点から看過することができない」事態である。したがって、この場合にも、338条1項3号の再審事由が認められるとした。

上記の判例のケースでは、第三者である株主は、仮に新株発行無効の訴えの係属を知れば、自らの権利を守るために前訴に参加するなどして、当該訴えの原告による本件株式発行の無効を求める請求を争うことが明らかな状況にあり、かつ、当該訴えの被告である株式会社はそのような状況にあることを十分に認識していたにもかかわらず、株式会社は、原告株主の請求を全く争わず、むしろ原告株主に有利な訴訟資料を提出し、さらに、第三者の株主に対して訴訟係属を知らせなかった。これらの事情を重視して、最高裁は、338条1項3号の再審事由が存在する余地があるとして、原審に差し戻した。

この判例法理を〔問題〕に当てはめるとすれば、Y₄株式会社が、Xが解散

の訴えを求める請求を争っていることを十分に認識しているにもかかわらず、解散の訴えにおける請求を争わなかったり、Ｘに訴訟係属を知らせなかったなどの事情があれば、338 条 1 項 3 号の再審事由が存在する余地があると評価することができよう。

　なお、平成 25 年判決では、新株発行無効の訴えの原告と被告が通謀して、被告を敗訴させたことは再審事由の要件とはされていない。責任追及訴訟における第三者再審等で採用されている、いわゆる詐害再審よりも緩やかな要件で再審事由が認められたことも、本判決の特徴である。責任追及訴訟においては、原告株主以外の株主に対する訴訟告知や提訴事実の公告が義務付けられているのに対して、「会社の組織に関する訴え」では、その確定判決の効力により不利益を受ける第三者に対して訴訟係属の通知は義務付けられていないし、人事訴訟のように、裁判所による職権探知を認める規定もない。このように確定判決に至るまでに、その効力を受ける第三者に対する手当が薄いことから、再審事由も比較的緩く認めて良いと判断された可能性がある。

3　第三者再審の方法

(1)　再審の訴えの原告適格

　上記のように、ある訴訟事件における確定判決の対世効を受けるが自らがその訴訟について訴訟追行権を有しない第三者が、338 条 1 項 3 号の再審事由に基づいて再審の訴えを提起することができるとしても、その再審の訴えをどのような方法で提起することができるのか。この点が次に問題となる。

　一般に、再審の訴えの原告適格は次の基準により判断される。すなわち、①確定判決の効力を受け、その取消しについて不服の利益を有すること（以下、「要件①」と呼ぶ）、および、②原判決に係る訴訟物について訴訟追行権（当事者適格）を有すること（以下、「要件②」と呼ぶ）である[1]。とりわけ、後者の要件があるのは、訴訟追行権を欠く場合には、再審開始決定後の審理において訴訟追行する資格を持たないことになるからであるとされる。

---

(1)　伊藤 771 頁。

　確定判決における訴訟当事者となっていた原告と被告が、要件①および要件②を充たすことは争いがない。なぜなら、当事者は、判決の確定した訴訟事件において訴訟追行権を有する当事者として訴訟追行していた以上、確定判決の効力が115条1項1号に基づいて及び、かつ、再審理される訴訟において訴訟追行権を有することは疑いがないからである。

　これに対して、確定した判決において訴訟当事者でなかったがその確定判決の効力を受ける第三者が、再審の訴えの原告適格を有するのかを判断することは非常に難しい。この点について最初に判断した最高裁判例は、最判昭和46・6・3判時634号37頁である。この事件では、土地所有権確認請求訴訟において請求棄却判決を受けた原告から、その訴訟の口頭弁論終結後に、当該土地を譲り受けた第三者（特定承継人）が、確定した前訴判決が判断遺脱（338条1条9号）であったことを理由に再審の訴えを提起したものである。これについて、最高裁は、「再審の訴は、判決が確定したのちにその判決の効力を是認することができない欠缺がある場合に、具体的正義のため法的安定を犠牲にしても、これが取消を許容しようとする非常手段であるから、右判決の既判力を受ける者に対し、その不利益を免れしめるために、その訴の提起を許すものと解するのが相当であり、したがって、民訴法二〇一条（現行法115条）に規定する承継人は一般承継人たると特定承継人たるとを問わず、再審原告たり得るものといわなければならない」と述べ、115条1項3号の口頭弁論終結後の承継人にも、再審の訴えの原告適格を認めた。

　ただし、この事件では、前述の再審の訴えの原告適格の要件①のみが示され、要件②については触れられていない。これは、第三者の主張する再審事由が存在しないため再審の訴えが却下された結果、本案の再審理の段階で第三者がどのような訴訟上の地位にあるべきかについて判断する必要がなかったためであると思われる。そこで、以降の事件では、第三者による再審の訴えの原告適格が充たされるためには、どのような方法によれば要件②を充たすことができるのかが問題とされるようになる。

⑵　補助参加の申出とともにする第三者による再審の訴え

　この点は、旧民事訴訟法時代においても、最判平成元・11・10民集43巻10

号 1085 頁（以下、「平成元年判決」と呼ぶ）によって問題となった。この事案は、検察官を相手方とする死後認知訴訟において亡Ａの子であることの認知を求めて勝訴判決を得たＹらに対し、亡Ａの子であるＸらが、関与する機会が与えられないままＸらに不利益な判決が下された右訴訟には旧民事訴訟法 420 条 1 項 3 号（現行法 338 条 1 項 3 号）の類推適用による再審事由がある等と主張して再審の訴えを提起したものである。これに対して、最高裁は次のように判示した。

「検察官を相手方とする認知の訴えにおいて認知を求められた父の子は、右訴えの確定判決に対する再審の訴えの原告適格を有するものではないと解するのが相当である。

けだし、民訴法に規定する再審の訴えは、確定判決の取消し及び右確定判決に係る請求の再審理を目的とする一連の手続であって（民訴四二七条、四二八条）、再審の訴えの原告は確定判決の本案についても訴訟行為をなしうることが前提となるところ、認知を求められた父の子は認知の訴えの当事者適格を有せず（人訴三二条二項、二条三項）、右訴えに補助参加をすることができるにすぎず、独立して訴訟行為をすることができないからである。」

平成元年判決は、本案訴訟において共同訴訟的補助参加人の地位しか有しない第三者が、自らについての再審事由（現行法 338 条 1 項 3 号に相応）を主張して、再審の訴えを提起しても、その第三者には原告適格がないことを明らかにした。そこで、判決の効力を受ける第三者の救済方法を認めるために、現行民事訴訟法 42 条において、旧法 64 条に存在した「訴訟ノ繋属中」という文言が削除され、補助参加の申出ともに、再審の訴えを提起することができることが明文化された。

しかし、この規定によっても、本案訴訟の判決効を受ける第三者は、再審の訴えを、あくまで補助参加人として提起することが認められたにすぎなかった。すなわち、「例えば上訴について、上訴期間の経過により一見確定しているように見えても、追完ができる場合には、補助参加人は追完の申立てとともに上訴も申立てができると考えられて」おり、「それと同じように再審事由があるときには、その再審事由を主張して、再審の訴えを提起することができる」と

考えられていた。したがって、「そこで主張することができる再審事由は、当然、本人について存在する再審事由」であることが前提とされていた[2]。

　したがって、前掲の平成元年判決のケースでは、現行法によれば、一般的には、亡Ａの相続人である子は、現行法42条により、補助参加の申出とともに再審の訴えを提起することができるが、それはあくまで当事者ではなく補助参加人として行うものであるから、被参加人の再審事由（例えば、判断遺脱〔338条1項9号〕）を主張することはできても、自らが本案訴訟に関与できなかったという自らの再審事由（338条1項3号）を主張することはできないことになる。言い換えると、前述の再審の訴えの原告適格の要件②は、第三者が補助参加人として被参加人のために被参加人の再審事由を主張し、仮にそれが存在すれば、再審開始決定後の本案訴訟の訴訟物につき被参加人が訴訟追行権を有することにより充たされることとなる。したがって、現行法によっても、第三者固有の再審事由を主張する場合に、再審の訴えの原告適格を認めることを解釈論によって認める必要性が依然として存在する[3]。

(3)　独立当事者参加の申出とともにする第三者による再審の訴え

　この問題を解決するために登場した判例が、最決平成25・11・21民集67巻8号1686頁（以下、平成25年決定と呼ぶ）である。この事件は、株式会社の成立後における株式の発行の無効の訴え（以下「新株発行の無効の訴え」という。）に係る請求を認容する確定判決の効力を受けるＡが、上記確定判決につき、338条1項3号の再審事由があるとして申し立てた再審事件である。最高裁は次のように判断した。

　「新株発行の無効の訴えに係る請求を認容する確定判決の効力を受ける第三者は、再審原告として上記確定判決に対する再審の訴えを提起したとしても、上記確定判決に係る訴訟の当事者ではない以上、上記訴訟の本案についての訴訟行為をするこ

---

(2)　以上について、竹下守夫ほか編『研究会新民事訴訟法』（有斐閣、1999年）75頁〔柳田幸三発言〕。

(3)　なお、最近の立法論として、三木浩一＝山本和彦編『民事訴訟法の改正課題』（有斐閣、2012年）176頁を参照。

とはできず、上記確定判決の判断を左右できる地位にはない。そのため、上記第三者は、上記確定判決に対する再審の訴えを提起してもその目的を達することができず、当然には上記再審の訴えの原告適格を有するということはできない。

　しかし、上記第三者が上記再審の訴えを提起するとともに独立当事者参加の申出をした場合には、上記第三者は、再審開始の決定が確定した後、当該独立当事者参加に係る訴訟行為をすることによって、合一確定の要請を介し、上記確定判決の判断を左右することができるようになる。……そうであれば、新株発行の無効の訴えに係る請求を認容する確定判決の効力を受ける第三者は、上記確定判決に係る訴訟について独立当事者参加の申出をすることによって、上記確定判決に対する再審の訴えの原告適格を有することになるというべきである。」

　この決定では、再審の訴えの原告適格を要件②、つまり、原判決に係る訴訟物について訴訟追行権（当事者適格）を有することに限定するのは、この要件を充たさない第三者は、「訴訟の本案についての訴訟行為をすることはできず、上記確定判決の判断を左右できる地位にはない」ためであると述べる。その上で、第三者が独立当事者参加の申出とともに再審の訴えを提起した場合には、「第三者は、再審開始の決定が確定した後、当該独立当事者参加に係る訴訟行為をすることによって、合一確定の要請を介し、上記確定判決の判断を左右することができる」ため、当該第三者は、原判決に係る訴訟物について訴訟追行権（当事者適格）を有しないにもかかわらず、要件②を実質的に充たしており再審の訴えの原告適格を有する、と判断された。

　このように、平成 25 年決定は、再審の訴えの原告適格の要件②の趣旨に着目し、第三者の訴訟行為により本案訴訟に介入し、その確定判決の判断を左右することができることを、第三者が独立当事者参加の申出とともに再審の訴えを提起した場合には当該第三者に再審の訴えの原告適格を認める根拠とした。しかし、第三者が本案訴訟の被告側に共同訴訟的補助参加の申出とともに再審の訴えを提起し、再審開始決定が確定した場合にも、当該第三者は、共同訴訟的補助参加人としての訴訟行為により、合一確定の必要性を介して、確定判決についての判断を左右することができる。したがって、平成 25 年決定が、独立当事者参加の申出とともにする第三者再審の訴えのみを認めたことには疑問

が提起されている[4]。平成 25 年決定が独立当事者参加にこだわったのは、お
そらく、現行法 42 条の立法過程における議論のように、第三者自らの再審事
由を主張して再審の訴えを提起する場合には、当該第三者はそれを当事者とし
て提起しなければならないという準則が、再審訴訟の原告適格を論じるうえで
の当然の前提として存在するためであると思われるが[5]、これが自明の準則で
あるか否かはさらに検討される必要がある。

(4) 独立当事者参加における参加人による請求定立

　さらに、平成 25 年決定は、独立当事者参加制度の抱える固有の問題によっ
ても、困難に直面している。平成 25 年決定の法理によれば、〔問題〕の事例で
は、X は、独立当事者参加の申出とともに再審の訴えを提起すれば、再審の訴
えの原告適格を有することになるが、この場合にも、判例は、「独立当事者参
加の申出は、参加人が参加を申し出た訴訟において裁判を受けるべき請求を提
出しなければならず、単に当事者の一方の請求に対して訴え却下又は請求棄却
の判決を求めるのみの参加の申出は許されない」と解している（最決平成 26・
7・10 判時 2237 号 42 頁。以下、平成 26 年決定と呼ぶ）。しかし、これでは、第三
者再審が必要な事例であっても、第三者が当事者のいずれかに対して自己の請
求を提出することができない場合には、これを理由に第三者の利益を保護する
ことができないこととなり、これが不当であることは明らかであろう。

　ところで、旧民事訴訟法（大正 15 年法）71 条の起草趣旨によれば、（片面的）
独立当事者参加は、典型的には、係属中の訴訟の既判力が第三者に及ばない場
合に、その請求認容判決により事実上の不利益を受けることを防ぐために、第
三者が、係属中の訴訟に当事者参加をして、被告の請求についての処分行為に
介入する権利を認めるための制度である。しかし、第三者が被告に対する牽制
権を行使して、原告の請求棄却判決を得たとしても、その確定判決の効力は第
三者に拡張されないため、その牽制権行使の実効性を確保するために、第三者

---

　(4)　笠井正俊「判例解説」判例セレクト 2014(Ⅱ)（2015 年）30 頁、菱田雄郷「判例批評」リマー
　　　クス 51 号（2015 年）128 頁など。
　(5)　独立当事者参加の方法は、従来から通説により認められていたものである。例えば、兼子ほ
　　　か・条解 1716 頁など〔松浦馨執筆〕。

は、独立当事者参加の申出の際に、原告に対して、係属中の訴訟において原告
が主張する権利が存在するならばその実体法的論理関係により存在しないこと
となる自己の権利に関する請求を立てなければならない、とされている[6]。

　この見解を前提とすれば、〔問題〕の事例をはじめとする第三者再審が問題
となるケースでは、再審の訴えを提起する第三者に本案訴訟の確定判決の効力
が拡張されるので、これらのケースは、独立当事者参加の典型例ではない。む
しろ、第三者に既判力が拡張されるのであれば、第三者の被告への牽制権の実
効性確保のために、第三者が原告に対する請求を立てる必要はないはずである。
したがって、第三者が単に原告被告間の請求の棄却または却下を求めるだけの
独立当事者参加の申出は適法であると考えてもよいのではないだろうか[7]。

　もっとも、平成 26 年決定が引用する最判昭和 45・1・22 民集 24 巻 1 号 1 頁
は、株主総会決議不存在・取消請求の訴訟係属中に、その確定判決の効力を受
ける第三者は、原告の請求棄却判決および訴え却下判決を求める申立てのみを
行う独立当事者参加の申出は不適法であるとしたが、その第三者が被告側に共
同訴訟的補助参加人として補助参加することを適法としている。この判例との
整合性を持つためにも、平成 25 年決定のような独立当事者参加ではなく、共
同訴訟的補助参加による第三者再審の方法が再検討されるべきであろう。

〔関連問題〕

　(1)　X は、Y を被告として、本件不動産の所有権に基づく所有権移転登記な
らびにその明渡しを求める訴えを提起した。この訴訟の係属中に、Z は、X の
みを相手方として本件不動産の Z の所有権確認請求を定立して、47 条 1 項後
段に基づく参加の申出をした。このような訴訟参加の申出は適法であるか。

　(2)　(1)において Z が 47 条 1 項後段に基づく訴訟参加をした場合、どのよう
な訴訟形態となるか。また、①Y が X の主張する請求原因事実を認める場合や、

---

②Xの Y に対する請求が認容され、Z の X に対する請求が棄却されたが、Z
のみが控訴を提起した場合、裁判所はどのように事件を処理すべきであるか。

※　いわゆる片面的独立当事者参加が認められるようになった事情や、この参加形
　　態の訴訟構造・手続規律について検討しなさい。最判昭和 42・2・23 民集 21 巻 1
　　号 169 頁、最判昭和 40・10・15 民集 19 巻 7 号 1788 頁等を参照。

第16章
訴訟費用

岡庭幹司

〔問題〕

(1) Xは、Yに300万円を貸し付けたが、弁済期が到来しても任意に弁済してもらえなかったため、弁護士Aに貸金の回収を委任した。その際、XはAに着手金24万円および費用概算額3万円を支払うとともに、事件終了後に回収額の16％を報酬金として支払うことを約した。Aは、Xの訴訟代理人としてYを被告とする300万円の貸金返還請求訴訟を提起するにあたり、提訴手数料として2万円の収入印紙を訴状に貼付するとともに、送達に必要な郵便料金として6000円を裁判所に予納した。訴状副本は裁判所からYに対して送達されたが、その後の審理のための準備書面は、AがYに対して直接、簡易書留郵便で送付した。審理の結果、裁判所は、「YはXに300万円を支払え。訴訟費用はYの負担とする。」との判決をした。判決書の正本は裁判所からYに送達されたが、Yは上訴せず、この判決はそのまま確定した。その後AはYから300万円を回収し、そこから報酬金48万円を差し引いた252万円をXに交付した。Xは、「訴訟費用はYの負担とする。」との判決が確定したのだから、郵便料金や弁護士費用もYに請求できるのではないか、とAに質問した。この質問について、AはXにどのように回答するべきか。

(2) 死刑確定者として拘置所に収容されているXは、親族との外部交通を拘置所長により違法に不許可とされたため精神的苦痛を受けたと主張して、Y（国）に対して300万円の支払いを求める国家賠償請求訴訟を提起したが、その際、提訴手数料として必要な2万円の収入印紙を訴状に貼付せず、裁判所に対して訴訟上の救助を申し立てた。裁判所は、Xは82条にいう「訴訟の準備及び追行に必要な費用を支払う資力がない者」に該当するが、Xの主張する拘置所長の違法行為およびこれによるXの損害が認められたとしても、Xの300万円の請求のうち50万円を超える部分については、Xの主張する違法行為や損害の内容に照らすと明らかに過大であるから、「勝訴の見込みがないとはいえないとき」に該当するとは認められない、と判断して、50万円の請求に対応する訴え提起手数料5000円および書類の送達に必要な費用についてのみ訴訟救助を付与する旨の一部救助決定をした。そこで、裁判長は、Xに対し、差額の提訴手数料として収入印紙1万5000円（300万円の請求に対応する手数料2万円から、救助の付与された5000円を差し引いた金額）を納付することを命ずる補正命令を発した。Xは、収入印紙1万5000円を納付せずに、訴状の請求の趣旨の「300万円」を「50万円」に訂正する旨の訴状訂正申立書を提出した。<u>裁判所は、訴額の算定は訴え提起時を基準とすべきであり、原告がその後に請求の減縮をしたとしても当初に貼付すべき印紙の額がそれに応じて減額されるものではないと解すべきであるから、Xが訴状訂正申立書で請求を50万円に減縮したことによっては補正命令に応じた補正がされたものとは認められないとして、Xの訴えを不適法として却下した。</u>
　以上の事例における裁判所の下線部の措置の当否について論じなさい。

1　訴訟費用について

(1)　「訴訟費用」という概念について

　訴訟には様々なお金がかかる[1]。まず、訴え提起にあたっては、民事訴訟費用等に関する法律の定める提訴手数料を納付する必要がある。例えば、50万

---

(1)　ＮＢＳ 68～69頁。

円の金銭の支払いを求める訴えの提起には 5000 円の手数料が必要であり、300
万円の請求には 2 万円の手数料が必要である（費用法 3 条 1 項・別表第一）。提
訴手数料は原告が訴状に収入印紙を貼って納付するのが原則である（費用法 8
条本文）。訴えが提起されると裁判所は訴状副本を被告に送達する（民訴 138 条
1 項）が、そのためには郵便料金が必要となる。審理において証人尋問を実施
するためには、証人の旅費・日当などが必要となる。そして、訴訟追行を弁護
士に委任するのであれば弁護士費用（委任契約に基づく着手金および報酬金）が
必要となる。こうした広い意味において訴訟に要する費用と、61 条によって
敗訴者の負担となる狭義の訴訟費用とは区別されなければならない（以下、単
に「訴訟費用」というときは狭義の訴訟費用を指す。）。

　敗訴者の負担となる訴訟費用は費用法 2 条に列挙されている。これには裁判
費用と当事者費用とがある。まず、裁判費用は、当事者が訴訟を追行するにつ
いて裁判所（国庫）に納付しなければならない費用の総称[2]であって、主なも
のは手数料（費用法 2 条 1 号・3 条）である。裁判所が訴状、判決書などの書類
を送達するのに要する郵便費用（費用法 2 条 2 号・11 条 1 号）、証拠調べのため
に出頭した証人の旅費、日当および宿泊料（費用法 18 条 1 項）、鑑定人・通訳
人の鑑定料・通訳料、旅費、日当および宿泊料（費用法 18 条 1 項・2 項・26 条）
なども裁判費用に含まれる。次に、当事者費用は、当事者が訴訟を追行するに
つき、裁判所以外の者に自分自身で支払う費用のうち、訴訟費用として法定さ
れているもの[3]である。例えば、当事者または代理人が期日に出頭するための
旅費、日当および宿泊料（費用法 2 条 4 号・5 号）、訴状、準備書面等の作成お
よび裁判所への提出に要する費用（費用法 2 条 6 号）などがこれに含まれる。

　これに対して、弁護士費用は、当事者に弁論能力が欠けるため裁判所が弁護
士の付添いを命じた場合（民訴 155 条 2 項・170 条 5 項）など[4]に限って例外的
に訴訟費用となる（費用法 2 条 10 号）にとどまり、原則として訴訟費用には含
まれず、各自の負担となる[5]。

　本問についてみると、提訴手数料ならびに裁判所が訴状および判決書を送達

---

(2)　秋山ほか・Ⅱ 4 頁。
(3)　秋山ほか・Ⅱ 6 頁。
(4)　その他の例として、人事訴訟法 13 条参照。

するのに要した費用は訴訟費用となる。ただし、判決においては訴訟費用の負担割合が定められるにとどまるので、別途、裁判所書記官に対して訴訟費用額確定処分の申立て（民訴71条1項）をする必要がある（この処分は、民執22条4号の2により債務名義となる）。これに対して、当事者が相手方当事者に準備書面の直送をするために支出した郵便料金が訴訟費用に含まれるかどうかについては見解の対立がある。また、弁護士費用は、現行法上は訴訟費用に含まれず各自の負担となるが、立法論としてこれを訴訟費用に含めて敗訴者の負担とすることの是非については議論がある。

(2) 準備書面の直送の費用について

当事者は、相手方当事者に準備書面[6]の直送をしなければならない（規83条）が、直送に要した郵便料金は訴訟費用に含まれるか。この問題が争われた事件が最決平成26・11・27民集68巻9号1486頁（以下「平成26年最決」という。）である。費用法2条2号は裁判所が書類の送達をするために要した費用を訴訟費用としているが、この規定を当事者による直送の費用に類推適用できるかどうかが問題となった。当事者が裁判所に代わって直接相手方に書面を交付するものであることから類推適用を肯定する見解[7]も有力であったが、平成26年最決は、次のように述べて、これを否定した。

「費用法2条2号は、裁判所が民事訴訟等における手続上の行為をするために行う必要な支出について、当事者等に予納義務を負わせるとともに、その支出に相当する金額を費用とすることにより、費用の範囲及び額の明確化を図ったものである。これに対し、当事者が準備書面の直送をするために行う支出は、裁判所が何らかの手続上の行為を追行することに伴うものではなく、当事者が

---

(5)　なお、裁判官は特別職の国家公務員であり（国家公務員法2条3項13号）、その報酬（憲79条6項・80条2項、裁51条、裁判官の報酬等に関する法律〔昭和23年法律75号〕）は、国庫から支払われ、納税者が負担する。

(6)　準備書面につき、ＮＢＳ110〜111頁参照。

(7)　裁判所職員総合研修所監修『民事実務講義案Ⅱ〔四訂補訂版〕』（司法協会、2013年）138頁。なお、平成26年最決の後に出版された同書の五訂版では、費用法2条2号は類推適用されない旨、記述が修正された（裁判所職員総合研修所監修『民事実務講義案Ⅱ〔五訂版〕』〔司法協会、2017年〕138頁）。

予納義務を負担するものでもない。そして、当事者が行う支出については、費用法 2 条 4 号ないし 10 号が、費用となるべきものを個別に定型的、画一的に定めているところ、直送は、多様な方法によることが可能であって、定型的な支出が想定されるものではない。直送をするためにした支出が費用に当たるとすると、相手方当事者にとって訴訟費用額の予測が困難となり、相当とはいえない。〔原文改行〕したがって、当事者が準備書面の直送をするためにした支出については、費用法 2 条 2 号の規定は類推適用されないと解するのが相当である。」

　平成 26 年最決は、費用法 2 条を、現実に要した費用ではなくて、同条所定の費用のみを訴訟費用とする旨の費用法定主義を採用した規定であると解する前提に立った上で、訴訟費用額確定手続を簡素化すべきとの司法制度改革審議会意見書[8] の提言を受けてなされた平成 15 年法律 128 号による費用法の改正が「費用の額の算定方法について、可能な限り、記録上明らかな事実関係に基づき算定することができ、疎明資料を提出する必要がないものとなるよう」にした[9] とされていることを踏まえ、訴訟費用の範囲および額を定型的かつ画一的に決すべきことを重視し、もって、相手方当事者の予測可能性を高めるとともに、訴訟費用額の簡易迅速な算定を可能にしようとしたものであろう[10]。

　学説上は、当事者間の公平の理念および裁判所による準備書面送達の場合（規 47 条 4 項）との均衡から、平成 26 年最決に反対し、費用法 2 条 2 号の類推適用を肯定すべきとする見解も有力に主張されている[11] が、実務上は、平成 26 年最決により、当事者による準備書面直送の費用は訴訟費用に含まれない扱いとなった。

---

(8)　司法制度改革審議会「司法制度改革審議会意見書──21 世紀の日本を支える司法制度」（平成 13 年 6 月 12 日) 29 頁（https://www.kantei.go.jp/jp/sihouseido/report/ikensyo/pdfs/iken-2. pdf、最終アクセス 2020.06.30)。

(9)　三輪方大＝藤田敏之「改正後の民事訴訟費用等に関する法律・規則の概要」判タ 1139 号（2004 年）4 頁、5 頁。

(10)　菊池絵理「判解」最判解平成 26 年度 508 頁、特に 510 頁および 513 頁以下。

(11)　工藤敏隆「判批」法研 88 巻 12 号（2015 年）141 頁、特に 147 頁以下。

(3) 弁護士費用について

　前述のとおり、例外的に裁判所が付添いを命じた場合などにおける弁護士の報酬および費用（費用法2条10号）は訴訟費用として敗訴者の負担となるが、通常の場合における弁護士費用は、現行法上は訴訟費用に含まれず、各自の負担となる。このことの当否については古くから立法的議論がある。

　まず、弁護士費用を訴訟費用に含めるべきとする意見は、①弁護士費用を敗訴当事者から回収できないと、実体法の与えている権利の内容が減殺・希釈される結果となり、不公正・不正義であること、②弁護士費用は現在の民事訴訟において必要的費用に当たるというべきであること、③わが国の民事訴訟法・費用法が弁護士費用を訴訟費用化しなかったのは立法当時（明治23年）の弁護士（代言人）が質・量ともに不足していたためであるが、当時と比較すれば弁護士数が増加し、訴訟費用化の時期が熟していることなどを理由としてあげる。

　これに対して、弁護士費用の訴訟費用化に反対する意見は、次のように論ずる。①弁護士費用まで敗訴者負担とすると、とりわけ勝敗の見込みの立たない事件について、訴訟提起・上訴提起を萎縮させる危険がある。現実の事件の多くは証拠調べをして初めて実体的真実が解明されるのであって、当初から勝敗の見込みが容易に立つものではない。勝訴率の低い訴訟（判例変更を求める訴訟、製造物責任訴訟、国家賠償請求訴訟、住民訴訟、いわゆる政策形成型訴訟等）については、相手方の弁護士費用の負担をおそれて、提訴が不当に抑制されることとなる。②本来弁護士と依頼者との自由な契約で決定されるべき相手方の弁護士費用について、敗訴という一種の結果責任に基づいて一方的に敗訴当事者に負担させることは過度な制裁であり合理性がない。また、敗訴者に負担させるべき弁護士費用の額を裁判所が決定することとなれば、本来自由に決定されるべき弁護士費用が事実上公定化ないし定額化されることにつながり、やがて全般的な低額化に陥るおそれがある。これは弁護士費用の自由契約性にもとるものである。さらに、訴訟費用となるべき弁護士費用を裁判所が決定することは、ひいては弁護士をして裁判所に従属させる結果となり、弁護士の職務の独立性に対する妨げとなる危険性がある。③本人訴訟率が依然として高く、地域によって弁護士選任の割合が大きく異なる我が国の民事訴訟の現状からすると、全国一律の立法は適さず、弁護士の大都市集中という現状を前提とする限り、本

人訴訟率の高い地域の人を不当に不利に扱うという不公平がある[12]。

　このように賛否両論あったところ、司法制度改革審議会意見書[13]は、「弁護士報酬の一部を敗訴当事者に負担させることが訴訟の活用を促す場合もあれば、逆に不当にこれを萎縮させる場合もある。弁護士報酬の敗訴者負担制度は、一律に導入すべきではない。このような基本的認識に基づき、勝訴しても弁護士報酬を相手方から回収できないため訴訟を回避せざるを得なかった当事者にも、その負担の公平化を図って訴訟を利用しやすくする見地から、一定の要件の下に弁護士報酬の一部を訴訟に必要な費用と認めて敗訴者に負担させることができる制度を導入すべきである。ただし、同時に、敗訴者に負担させる金額は、勝訴者が実際に弁護士に支払った報酬額と同額ではなく、そのうち訴訟に必要と認められる一部に相当しかつ当事者に予測可能な合理的な金額とすべきである。また、敗訴者負担制度が不当に訴えの提起を萎縮させるおそれのある場合には、このような敗訴者負担を適用すべきではないと考えられる。このような見地から、このような敗訴者負担を導入しない訴訟の範囲及びその取扱いの在り方、敗訴者に負担させる場合に負担させるべき額の定め方等について検討すべきである。なお、この検討にあたっては、訴訟救助、法律扶助などの他の制度との関連や弁護士報酬の負担の在り方に関する国民の理解にも十分配慮すべきである。」として、一定の要件の下に弁護士費用の一部を訴訟費用と認めて敗訴者負担とすることができる制度を導入すべきであるとの提言をした。

　この提言を受け、司法アクセス検討会（平成 14 年 1 月～平成 15 年 12 月）において具体的な制度が検討され[14]、その結果に基づき、平成 16 年の国会に「民事訴訟費用等に関する法律の一部を改正する法律案」（第 159 回国会・閣法 65）が提出された。法案の内容は、当事者双方が訴訟代理人（弁護士、司法書士または弁理士である者に限る。）を選任している訴訟において当事者の双方共同の申立てがあるときは訴訟代理人の報酬について敗訴者の負担とする、この

<hr>

(12)　以上につき、民訴費用制度等研究会「民訴費用制度等研究会報告書」（平成 9 年 1 月 31 日）ジュリ 1112 号 57 頁。

(13)　司法制度改革審議会・前掲注(8)28 頁以下。

(14)　司法アクセス検討会における議論の経緯については、北村賢哲「弁護士報酬の敗訴者負担に関する議論の近況」『青山善充先生古稀祝賀論文集・民事手続法学の新たな地平』（有斐閣、2009 年）1073 頁が詳細かつ有益である。

申立てをするまたはしない旨の合意は訴訟係属後に訴訟代理人を選任している当事者の間でされたものを除き無効とする、敗訴者負担とされる訴訟代理人の報酬額は、訴訟の目的の価額（訴額）に応じて算出する（訴額100万円であれば報酬10万円、訴額1000万円であれば報酬30万円、訴額10億円であれば報酬327万円とし、327万円を上限とする）、というものであった。司法アクセス検討会における検討の結果、敗訴者負担を導入すべき訴訟類型とそうでない訴訟類型を区別することが極めて困難であったことから、当事者双方共同の申立てがある場合に敗訴者負担とするという提案になった。

　しかし、この法案に対しても強い反対があり、日弁連は次のような決議[15]をした。

　「法案には重大な欠陥がある。法案は、共同の申立てをする旨の合意については訴訟の係属後において訴訟代理人を選任している当事者の間でされたものを除き無効としているが、これは訴訟手続法上の訴訟契約についてのもので、実体法上の契約の効力は別であるとされている。すなわち、訴訟前の契約において『この契約に関する訴訟で敗訴した者は、勝訴した者の弁護士報酬を支払う』旨の『敗訴者負担条項』が入れられた場合は、訴訟上の共同申立てがなくとも、『敗訴者負担条項』に基づいて弁護士報酬を請求されることになる。

　合意による敗訴者負担制度が導入されれば、裁判外の私的契約や約款・就業規則などに『敗訴者負担条項』を記載することが広がっていくと懸念される。そうなれば消費者、労働者、中小零細業者など社会的に弱い立場にある人は、敗訴したときの『敗訴者負担条項』に基づく弁護士報酬の請求をおそれて、訴訟を提起することも受けて立つことも躊躇せざるを得ない。結果として市民の司法へのアクセスに重大な萎縮効果を及ぼす。のみならず、敗訴の場合に、社会的弱者にとって合理的に耐えうる限度を超える額の弁護士報酬を負担しなければならない事態も想定される。これでは、厳格な要件を付し、とりわけ『訴訟外の共同の申立てをする旨の合意を無効とする』措置を付して法案化した立法趣旨を没却することになる。

---

(15)　日本弁護士連合会「弱者の裁判を受ける権利を侵害する『弁護士報酬敗訴者負担』法案に反対する決議」（2004年〔平成16年〕10月8日）（https://www.nichibenren.or.jp/activity/document/civil_liberties/year/2004/2004_1.html、最終アクセス2020.06.30）。

〔中略〕当連合会は、社会的弱者の憲法上認められた裁判を受ける権利を実質的に保障し、司法による権利利益の救済の途を確保する見地から、少なくとも、消費者契約、労働契約（労働協約、就業規則を含む）及び一方が優越的地位にある当事者間の契約などに盛り込まれた敗訴者負担の定めは無効とし、更にこの趣旨を徹底するため、消費者訴訟、労働訴訟及び一方が優越的地位にある当事者間の訴訟においては合意による弁護士報酬敗訴者負担制度それ自体を適用しないこととする立法上の措置をとることを強く要求する。仮にその措置がとられない場合には、法案の成立には断固反対し、その廃案を求める。」

　結局、上記法案は平成 16 年 12 月 3 日の第 161 回国会の閉会とともに廃案となった[16]。

　以上のとおり、いかなる場合に弁護士費用を敗訴者負担とするべきかについてはコンセンサスが得られておらず、現在も弁護士費用は各自負担となっている。

　もっとも、実体法上、相当因果関係のある損害として、賠償請求することのできる場合があることが、判例上認められている。最判昭和 44・2・27 民集 23 巻 2 号 441 頁は、不法行為の被害者が、自己の権利擁護のため訴えを提起することを余儀なくされ、訴訟追行を弁護士に委任した場合には、その弁護士費用は、事案の難易、請求額、認容された額その他諸般の事情を斟酌して相当と認められる額の範囲内のものにかぎり、上記不法行為と相当因果関係に立つ損害というべきである、とした。さらに、最判平成 24・2・24 判時 2144 号 89 頁は、労働者が、使用者の安全配慮義務違反を理由とする債務不履行に基づく損害賠償を請求するため訴えを提起することを余儀なくされ、訴訟追行を弁護士に委任した場合についても、その弁護士費用の賠償請求を認めた。このように個別具体的な事案において裁判所の判断によって弁護士費用の賠償を認めるという方向を伸ばしていくべきであって、立法により訴訟費用に含めて敗訴者負担とすることは慎重にすべきであるとの見解も有力である[17]。しかし、こ

（16）　本林徹＝斎藤義房＝辻公雄「『弁護士報酬敗訴者負担法案』廃案への軌跡」自正 56 巻 4 号（2005 年）49 頁参照。

れにも限界がある。最判昭和 48・10・11 判時 723 号 44 頁は、「民法 419 条に
よれば、金銭を目的とする債務の履行遅滞による損害賠償の額は、法律に別段
の定めがある場合を除き、約定または法定の利率により、債権者はその損害の
証明をする必要がないとされているが、その反面として、たとえそれ以上の損
害が生じたことを立証しても、その賠償を請求することはできないものという
べく、したがって、債権者は、金銭債務の不履行による損害賠償として、債務
者に対し弁護士費用その他の取立費用を請求することはできないと解するのが
相当である」と判示している。これに従うと、本問の事例において弁護士費用
の損害賠償請求をすることはできないことになる。

2　訴訟上の救助について

　訴訟費用は、最終的には敗訴者から償還を受けることができるとしても、例
えば、訴えを提起するには、一旦は原告が手数料を納付する必要がある。しか
し、それでは資力のない者に訴え提起の途を閉ざしてしまうことになりかねな
い。そこで、法は、一定の場合に費用の支払いを猶予することとしている。こ
れが訴訟上の救助という制度である。救助の要件は、①訴訟の準備および追行
に必要な費用を支払う資力がないことまたはその支払いにより生活に著しい支
障を生ずること（82 条 1 項本文）、ならびに、②勝訴の見込みがないとはいえ
ないこと（同項但書）である。救助の決定は、裁判費用の支払いの猶予（83 条
1 項 1 号）、裁判所において付添いを命じた弁護士の報酬および費用の支払いの
猶予（同項 2 号）、訴訟費用の担保の免除（同項 3 号）という効力を有する。

　〔問題〕(2)は、一部救助決定の効力が問題となった最判平成 27・9・18 民集
69 巻 6 号 1729 頁[18]（以下「平成 27 年最判」という。）における第一審裁判所の
対応をモデルとしたものである。

　まず、そもそも一部救助決定をすることが可能であるかどうかが問題となり

---

(17)　伊藤眞「訴訟費用の負担と弁護士費用の賠償」『中野貞一郎先生古稀祝賀・判例民事訴訟法
　　の理論下』（有斐閣、1995 年）89 頁参照。
(18)　大森直哉「判解」最判解平成 27 年度下431 頁、山本真「判批」同法 68 巻 4 号（2016 年）
　　1451 頁など参照。

うるが、通説はこれを認めていた[19]。平成 27 年最判は、「訴えに係る金銭債
権の数量的な一部について勝訴の見込みがないとはいえず、かつ、これに対応
する訴え提起の手数料を支払う資力がないか、又はその支払により生活に著し
い支障を生ずる場合には、当該部分に対応する訴え提起の手数料につき訴訟上
の救助を付与する決定（以下「一部救助決定」という。）をすることができるが、
これは、当該債権の数量的な一部に限ってではあるものの、正当な権利を有す
る可能性がありながら無資力のために十分な保護を受けられない者を社会政策
的な観点から救済するという訴訟上の救助の制度趣旨に沿うものといえる。」
と判示して、この取扱いを是認した。

　それでは、本問の裁判所の下線部の措置は適切であろうか。

　訴額算定の基準時については、先例として最判昭和 47・12・26 判時 722 号
62 頁があり、「訴額の算定は、訴提起の時を基準とすべきであるから、上告人
がその後に請求の減縮をしたとしても、所論のように当初に貼用すべき印紙額
がそれに応じて減額されるものではない。」と判示している[20]。確かに、第一
審を地裁と簡裁のいずれが担当するべきかという事物管轄の問題は訴額によっ
て定まり、その基準時は訴え提起時であること（民訴 15 条）、および、費用法
9 条 3 項 1 号が最初にすべき口頭弁論期日の終了前に訴えを取り下げたとして
も提訴手数料の一部しか還付しない旨定めていることとの均衡からすれば、訴
額算定の基準時は訴え提起時であるとの解釈には相応の理由がある。そうする
と、訴え提起時に既に手数料納付義務が発生しており、これを納付しない限り
申立ては不適法であり（費用法 6 条）、後に請求を減縮したとしても瑕疵が治癒
されるものではない、との見解も成り立ちえないではない。

　しかしながら、それでは救助を付与した趣旨を没却してしまう。5000 円の
手数料すら納付する資力がないと認めて救助を付与しておきながら、1 万 5000
円の手数料を納付しない限り訴えが不適法とされるのでは、そもそも一部救助
を付与した意味がなくなってしまう。そこで、平成 27 年最判は、一部救助決

(19)　ただし、秋山ほか・Ⅱ 121 ～ 122 頁は、分量的一部救助は認めて差し支えないが、請求の客
　　観的併合のうちの 1 個の請求についてだけ救助を与えることについては、救助を与えた部分と与
　　えない部分との間で現実の費用をどう按分するのかという疑問が残ると指摘する。
(20)　東京高決平成 5・3・30 判タ 857 号 267 頁も同旨。

定は減縮後の請求に係る訴えを適法とする趣旨を含んでいると解すべきである
として、次のように判示した。

　「訴え提起時にされた訴訟上の救助の申立てに対する一部救助決定には、勝
訴の見込みがないとはいえないとされた数量的な一部に請求が減縮された場合、
これに対応する訴え提起の手数料全額の支払を猶予し、その結果、訴え提起時
の請求に対応するその余の訴え提起の手数料の納付がされなくても、減縮後の
請求に係る訴えを適法とする趣旨が含まれるものというべきである。このよう
に解しないと、上記のとおり請求が減縮された場合であっても、一部救助決定
をした裁判所は、勝訴の見込みがないとされた部分を含む訴え提起時の請求に
対応する訴え提起の手数料が納付されない限り、減縮後の請求に係る訴えをも
不適法であると判断せざるを得ないこととなり、そもそも一部救助決定をする
ことを認めた訴訟上の救助の制度趣旨に反することとなる。」

　この見解に従えば、本問の裁判所の下線部の措置は不適切である。

　なお、前掲最判昭和 47・12・26 は、救助の申立てがなされた事案ではなく、
訴え提起時を基準として確定的に手数料納付義務が発生していたといえる事案
である。これに対して、平成 27 年最判は、訴え提起と同時に救助の申立てが
なされており、救助の申立てを却下する決定が確定するまでは手数料納付義務
の発生が阻止されている事案である[21]。両者は事案を異にするというべきで
ある。

〔関連問題〕

　弁護士費用を支払う資力のない当事者を支援するための制度の現状と課題に
ついて論じなさい。

※　訴訟上の救助によっては弁護士費用まで賄うことができず、別途、総合法律支
　援法（平成 16 年法律第 74 号）に基づく民事法律扶助によることとなるが、弁護
　士費用については立替えまでしか認められないことの当否を検討されたい。

---

(21)　大森・前掲注(18)440 頁参照。

事 項 索 引

判 例 索 引

200

●著者紹介

渡部美由紀（わたなべ・みゆき）
名古屋大学大学院法学研究科教授
東北大学法学部卒業（1995 年）、学士（法学）
［第 1 章・第 2 章・第 4 章・第 5 章・第 7 章・第 8 章］

「国際仲裁における仲裁判断の res judicata」上野泰男先生古稀祝賀論文集
　『現代民事手続の法理』（弘文堂、2017 年）所収
法学教室編集室編『問題演習基本七法 2019』（有斐閣、2019 年）〔民事訴訟
　法担当〕　ほか

鶴田　滋（つるた・しげる）
大阪市立大学大学院法学研究科教授
九州大学法学部卒業（1995 年）
大阪市立大学大学院法学研究科後期博士課程単位取得退学（2004 年）、博士
　（法学）
［第 9 章・第 10 章・第 11 章・第 12 章・第 13 章・第 15 章］

『共有者の共同訴訟の必要性――歴史的・比較法的考察』（有斐閣、2009 年）
『必要的共同訴訟の研究』（有斐閣、2020 年）　ほか

岡庭幹司（おかにわ・まさし）
横浜国立大学大学院国際社会科学研究院准教授
東京大学法学部卒業（1995 年）、学士（法学）
［第 3 章・第 6 章・第 14 章・第 16 章］

「『既判力の時的限界』という法的視座への疑問」青山善充先生古稀祝賀論文
　集『民事手続法学の新たな地平』（有斐閣、2009 年）所収
「明示的一部請求棄却判決確定後の残部請求――最高裁判所平成 10 年 6 月
　12 日判決の批判的検討」伊藤眞先生古稀祝賀論文集『民事手続の現代的
　使命』（有斐閣、2015 年）所収　ほか

ゼミナール民事訴 訟 法

2020 年 11 月 25 日　第 1 版第 1 刷発行

著　者／渡部美由紀・鶴田　滋・岡庭幹司
発行所／株式会社 日本評論社
　　　　〒 170-8474 東京都豊島区南大塚 3-12-4
　　　　電話　03-3987-8621（販売）、3987-8631（編集）
　　　　振替　00100-3-16
　　　　https://www.nippyo.co.jp/
印刷／株式会社 平文社　　製本／牧製本印刷株式会社　　装幀／林　健造
©M Watanabe, S Tsuruta, M Okaniwa　2020　Printed in Japan.
ISBN 978-4-535-52291-6